子連れ婚のお悩み解消法

継子・実子・住居・お金をどうするか

家族問題カウンセラー
新川てるえ

さくら舎

はじめに

本書を手にとっていただき、ありがとうございます。

あなたはこれから子連れ婚を考えている方ですか、それともすでに子連れ婚していて悩みの渦中《かちゅう》にいる方ですか？

結婚する4組に1組が、両方またはいずれかが再婚といわれています。全国のひとり親世帯数は140万世帯を超えていて、昔と違って前向きに恋愛しようという傾向になっているので、子連れ再婚家族の予備軍がたくさんいます。

アメリカでは1組のカップルがともに暮らしていて、そのどちらかに過去の婚姻で子どもがいてつくられる家族を「Stepfamily（ステップファミリー）」と呼びます。

ステップファミリーの「Step」は接頭辞で「継」という意味です。つまり継親子《ままおやこ》関係のある家族のことをいいます。バラバラだった家族がつなぎ合わされて、ひとつの家族になることから「パッチワークファミリー」とも呼ばれています。

ステップファミリーの「ステップ」を「ホップ・ステップ・ジャンプ」や「ステップ・アップ」の意味だと勘違いされている方もいて、前向きなイメージだけで受けとられやすいこともありますが、苦労の多いたいへんな家族です。

私は2度の子連れ再婚を経験しています。

1度目の相手は独身男性で、私がシングルマザーとして長女を連れての再婚でした。この時には相手に子どもがいなかったので私自身はあまり苦労だと感じなかったのですが、パートナーが長女に対してストレスを溜《た》めていたり、のちに実子が生まれて、明らかに違う愛情の差を目の当たりにしたり、今考えると、子連れ再婚家族ならではの問題はあったのだと思います。

2度目の再婚は、お互いに2人の子どもを連れての再婚で、私は継母《ままはは》になりました。相手の子どもを愛せないという葛藤《かっとう》にとまどい、一緒に暮らした8年間はとにかく苦労の連続でした。

そんな経験を生かして、こうして本を書いたり、子連れ再婚家族の問題に特化した家族問題のカウンセラーをしています。

本書は過去に悩んでいた私の経験をふまえて、現在カウンセラーとして日々寄せられる相談内容や、執筆のための取材を通してお聞きした子連れ再婚家族の方々の悩みの解決方法などをお伝えしたいと思って企画しました。

子連れで恋愛して、再婚する方に向けて恋愛中から考えておいてほしいこと、子連れ再婚家族になってつまずいている問題についての解決策を書いています。

第1章でも触れますが、子連れ再婚家族といっても、その成り立ちや組み合わせなどによって抱える問題はさまざまです。あなたが今、悩んでいる問題が本書ですべて網羅《もうら》されるかはわかりませんが、近い悩みを探して参考にしていただけたら幸いです。

私は、子連れ再婚家族は直面する問題などについて学んでから向き合うべきだと思っています。私自身も2度目の再婚の時にはサポートグループに参加したり、本を読んだりして学びました。

お産を経験した人ならイメージできると思いますが、初産の時には子どもが生まれてくる経過もわからずにただ恐怖心でお産に臨《のぞ》みます。しかし経産婦になると、赤ちゃんが生まれてくる経過や時間も推測できるので、楽に乗り越えることができます。

それと同じで、子連れ再婚家族も学ばずに臨むのと、学んで覚悟して臨むのとでは、困難に突き当たった時のダメージがまったく違います。だから、ぜひ事前に学んでほしいと思います。
また、現在子連れ再婚家族の問題でつまずいている方も、まだ手遅れではありません。せっかく頑張ってきたこれまでの時間が無駄にならないように、本書を生かして問題と向き合って、前向きに対処していってほしいと思います。
第4章、第5章にはメンタルケア的なアドバイスも書いてありますので、ぜひ心がけてみてください。

こうしてお伝えすると、子連れ再婚家族になんかならないほうがいいと思ってしまうかもしれませんが、苦労が多いからやりがいもあり、楽しみや幸せもたくさんあります。どうか本書を生かして、ぜひ幸せな子連れ再婚家族になってください。心から応援しています。

新川《しんかわ》てるえ

◆目次

第2章　子どものことで悩んだら

第3章　家族の問題で悩んだら

第4章　自分でできる心のストレス解消法

第5章　家族がうまくいく秘訣

子連れ婚のお悩み解消法

継子・実子・住居・お金をどうするか

第1章　子連れ婚を考えたら

あなたの再婚のタイプと難易度は？

子連れ再婚家族とひとことで言っても、その成り立ちや組み合わせ、家族を取り巻く環境などによってさまざまなタイプがあります。タイプが違えば、難易度も違います。

＊難易度がもっとも低いタイプ

難易度が低いのは、パートナーに子どもはいるが独立して家を出ているタイプです。まったくお子さんと関わらなくてもいいというわけではないので、ストレスはゼロではありませんが、親のパートナーとして接してくれるので、無理に親子関係を築く努力をしなくてもすむでしょう。熟年再婚に多いタイプです。

パートナーに子どもがいるが乳幼児で、別れた親の記憶がまったくなく、かつ祖父母の関与もない場合も、ゼロからの子育てを二人で協力してできるので難易度は低いです。

＊祖父母や元配偶者の介入で難易度はアップ

祖父母がいる場合には、子どもが甘やかされて育ってきて手に負えなかったり、再婚後にもいろいろと介入してくる場合があり、難易度は上がります。さらに祖父母と同居の場合には、もっとむずかしくなるでしょう。

元配偶者とお子さんが定期的に面会交流をしていて、関わりが続く場合にもストレスになりますので難易度は上がります。

死別した人との再婚は、亡くなった人のよい思い出がいつまでも相手の心にあり、前のパートナーと自分を比べて苦しむことになるでしょう。

*互いに子連れの場合には子どもの年齢がカギになる

あなたが初婚か再婚かによっても難易度は変わってきます。初婚（または再婚でも子どもがいない）で親になる場合には、はじめての子育てが他人の子どもというところでむずかしさを感じるでしょう。

子連れ同士の再婚の場合にも、子どもの年齢により難易度は違ってきます。子どもの年齢が近い場合には、自分の子どもと相手の子どもとを比べてしまったり、明らかに愛情の違いを感じたりしてむずかしさを痛感するでしょう。思春期の子どもは、わが子ですらむずかしいのに、継子《ままこ》（親子関係にあるが血のつながっていない子）となるとさらにむずかしさを感じるでしょう。

このように子連れ再婚家族には実に多様なタイプがあり、抱える悩みも違ってきます。自分の家族のタイプとその難易度を予測して覚悟して臨《のぞ》むこと、自分よりもはるかに難易度の高い人たちもいることを励みにして頑張ることです。

子連れ再婚家族がたどる７つの成長プロセス

子連れ再婚家族には成長プロセスがあります。再婚前にこれを学ぶことで困難に直面した時に、自分がどのあたりで苦しんでいるのかを理解でき、頑張ることができます。

「はじめに」でも述べましたが、出産を想像してください。初産の時には生まれるまでにかかる時間がわからなくてただ怖い思いで立ち向かっていますが、経産婦になると生まれるまでのプロセスがわかっているので、恐怖心もなく頑張れます。

何も知らずに未知なる痛みと向き合うのとでは大きな違いがあります。

①ロマンス期（夢と希望に満ちている時期）

恋愛中から始まっています。ウキウキと楽しい毎日です。「愛し合っていれば多少の困難は乗り越えられるはず」「愛する彼（彼女）の子どもは自分の子どものように愛せるはず」「すぐに仲よしの家族になれるはず」と根拠のない自信で満々です。事前に子連れ再婚について学んでいたとしても、「私たちなら大丈夫」と自信に満ちあふれている時期で、他人の苦労話は自分たちには関係ないと思っています。

②ロマンス崩壊期（何かがおかしいと感じる時期）

期待していたものと何かが違うと感じはじめる時期です。２つの家族の生活習慣の違いに違和感を覚えたり、パートナーのふとした言動になんとなく反発心を持ったりします。継子の態度に苛立《いらだ》ち、それがどうしてなのかわからずに自分を責めて落ちこんだりします。実親子の中にいると、自分だけ仲間はずれにされているような気持ちになります。

③リアリティ期（はっきりと現実に気がつく時期）

こんなはずじゃなかった。子連れ再婚には無理があったのかもしれない。血がつながっていない子どもとうまくやれるはずがないなど、結婚やパートナーや継子に対する不満がはっきりと認識されていく時期です。初期の段階で持っていた期待が、ことごとく覆《くつがえ》されて打ちのめされるような思いをします。継子を愛せないことで自分を責めたり、パートナーとの問題意識の差にストレスを募《つの》らせたりします。

④チェンジ期（変動の時期）

不安や恐れが蓄積して爆発し、頻繁《ひんぱん》に口論が起こったり、家族内がぎくしゃくする時期です。家族の中にはつねに緊張感があって、お互いが子連れだとそれぞれの家族がくっついて、まるでひとつ屋根の下２つの家族が暮らしているような状態になり、再婚した意味があったのだろうかと思い悩むことになります。初婚で子連れのパートナーと結婚した方は、自分の居場所をなくして不満と孤独が募ります。

問題を解決するためには、何が障害になっているかをよく理解することが大切です。この時期に大切なのは古い家族観にとらわれずに、子連れ再婚家族ならではのよさ、新しい家族の関係性の構築を目指して行動することです。

⑤アクション期（行動の時期）

明らかになってきた家族の問題に立ち向かおうとする時期です。家族、夫婦、継親子《ままおやこ》（夫の先妻の子と後妻、あるいは妻の先夫の子と後夫の関係）になった意味を見直し、絆《きずな》を築くためにはどうしたらいいのか真剣に考えはじめます。

問題を認識し、この時期に移るまでには、数年を要します。積極的に「子連れ再婚家族」について学んだり、同じ境遇の仲間と情報交換したり、パートナーとの話し合いをじっくりしたりして問題と向き合います。

⑥グロー期（関係が深まる時期）

さまざまな問題に立ち向かい、行動した成果が出はじめる時期です。問題はゼロにはなりませんが、受け止める余裕が少しずつ増えていくので、大きな問題にはならずに消化されます。家族内でそれぞれの立場を理解して、一緒に行動することが徐々に快適になり、継親子の関係も安定します。

⑦フィニッシュ期（連帯達成の時期）

ひとつの家族に所属しているという実感が生まれます。心のつながった家族になっているのでもう焦《あせ》る気持ちはありません。

この時期に達するまでには早い家族でも4年、平均して7～10年かかります。達成までが早いか遅いかは初期の段階でどれだけのエネルギーを費やしたかがカギとなるようです。また、最初から特に問題がないように見えた家族でも、この時期に達するまでにはある程度の時間の経過が必要です。つまり家族として育《はぐく》んできた歴史が大切になります。

このような成長プロセスをたどるのが子連れ再婚家族ですが、皆が同じようにこのプロセスをたどるわけではなく、行ったり来たりする場合もあれば、逆戻りしたりもします。それぞれの家族で費やす時間も違います。

ひとつひとつ問題をクリアしていく過程が、家族の絆を強くしていきます。パートナーとともにこの成長プロセスを学べることが理想です。

根拠のない自信を捨てる

「再婚前は迷いも不安もありませんでした」子連れ再婚をした多くの当事者が言うせりふです。まったく問題意識を持っていなかったという人は当然ですが、苦労するかもしれないと思い、事前に知識を得るために書籍を読んだりして臨んだ人でも、子連れ再婚家族がたいへんだとは知っていたけれど、私は大丈夫だと思っていたといいます。

私もそうでした。家庭問題のカウンセラーとして「子連れ再婚家族」を学び、十分すぎるくらいの知識を持っていたので、自信満々で再婚をしました。

私の再婚相手には当時、2歳と12歳の女の子がいました。そして私には10歳の長男と17歳の長女がいました。お互いに過去に2度の離婚を経験して、3度目の結婚でした。

過去のつらい離婚経験があるからこそ、相手を思いやれるし、再婚前に何度か会っていた子どもたちは素直でいい子で、私の子どもたちともすぐに仲よくなれたので、きっとすぐに幸せな家族になれるはずだと思っていました。

ところが、いざ生活が始まると2つの家族の生活習慣の違いにとまどい、倍以上になった家事と育児にストレスを募らせ、子どもたちも新しい環境にすぐにはなじめずに家族のそれぞれにストレスが溜《た》まっていくのを感じて、「こんなはずじゃなかったのに」という気持ちになり落ちこみました。

まわりの当事者からもよく聞く声ですが、再婚前に子連れ再婚家族の抱える問題を多少なりとも勉強していても、実際に問題に直面するまではまったく他人の問題としてインプットされていたといいます。自分たちに問題が起きてはじめて、それはまったく根拠のない自信だったことに気がついたといいます。

また、「再婚前にパートナーに理解してもらおうと新川さんの著書を読んでほしいと頼んだところ、これは新川さんという人の家族の問題であって、わが家には関係ないと言われてしまいました」と言っていた相談者もいました。

自信を持って臨んだことがうまくいかなかった時は、失望する気持ちはとても大きいので立ち直れないくらいに落ちこむでしょう。

これから再婚される方はぜひ、根拠のない自信は捨てて、**これから起きるかもしれない子連れ再婚家族の問題を覚悟してから再婚を決める**ことをおすすめします。すでに再婚していて悩んでいる渦中《かちゅう》の方は、その悩みの根源が根拠のない自信にあったことを認め、気持ちを切り替えて、今からでもできる努力を見つけて乗り越えていきましょう。

恋愛中からわかるパートナーの見極め方

「あばたもえくぼ」ということわざの通り、好きになったら相手の欠点まで好ましく見えますが、子連れ再婚は自分たち二人だけの問題ではなく、お子さんはもちろんのこと、過去の離婚や死別で、関係する親戚などとのしがらみももれなくついてきます。初婚でつくる家族とは違って、慎重に相手を見極《みきわ》めなければいけません。

まずは再婚したい理由ですが、「子どもの親がほしい」とか「家を任《まか》せられる人がほしいから」という理由だったら要注意です。子連れ再婚家族にとってパートナーシップが最重要です。問題が起きた時にあなたの味方になって考える人かどうかを見極めましょう。

子どもの世話やしつけを誰がやっているのかもチェックポイントです。親もとで子育てを手伝ってもらっていることに対して否定はしませんが、祖父母が子育ての主導権を握っていて、しつけを任せっぱなしの場合には要注意です。しつけの価値観の違いなどで意見が食い違ったり、不必要に祖父母が介入してきてストレスが募ったりする心配があるからです。

私の相談者の中に、「再婚した時に、義母から手書きの子育てマニュアルノートを渡されました」という方がいらっしゃいましたが、従来のやり方を押しつけられて、監視されているような気がしてとても嫌《いや》だったといいます。

また、ひとり親として子育てしている場合にも、仕事との両立がたいへんで子育てがずさんになっている場合があります。その場合には同じ年代の子どもができることを継子はできなかったり、生活習慣のずさんさが目についてストレスになったりもします。

また、継子が離れて暮らす実の親との交流があるかないかについてもチェックポイントです。定期的な面会交流や養育費があって、パートナーの別れた配偶者やその親との関わりがもれなくついてくる場合のストレスもたいへんです。死別の場合にも、なくなった元パートナーの親が継子の祖父母として関与してくる場合もあります。

逆に、自分に子どもがいて再婚される方によく相談されることは、わが子が虐待《ぎゃくたい》されないようにパートナーの見分け方を教えてほしいということです。

恋愛中から時間をかけてパートナーのお子さんへの関わり方を見守ることです。**実の親のようになろうと頑張りすぎていたり、極端に無関心だったりする場合には再婚を急がないほうがいいでしょう。**これらの心配要素が見え隠れする時には、しっかりと話し合いをしましょう。話し合いがちゃんと成立する相手だったらまだ望みはありますが、成立しない相手なら再婚しないほうがいいでしょう。

恋愛中はデートに子どもを同伴させない

子連れ再婚家族になるための予行演習として、まずは子どもと仲よくなることこそが重要なんて思っていたら大きな間違いです。二人の信頼関係が築かれないうちに子どもの親になろうと無理をすると、いざ問題に直面した時に、いちばん味方になってほしいはずのパートナーからの理解が得られずに、絶望することになるでしょう。

「自分の子どものように接してほしい」「いつも子ども優先で考えてほしい」などは実親側のエゴです。子連れで再婚しようと思ったら、相手の子どもも含めて愛さなくてはいけないと思うのは当然ですし、間違いではありませんが、その前にしなくてはならないことが、しっかりとしたパートナーシップを築くことです。

うまくやっている子連れ再婚家族にその秘訣を尋《たず》ねると、「問題に直面した時にパートナーととことん話し合いができる」「パートナーは子どものことよりも、自分の気持ちを尊重してくれる」と、そんな答えが返ってきます。恋愛中から育んできた二人の時間が重要だといいます。

ある女性が「わが家は夫婦だけの寝室があって、寝る前には必ず会話をすることに心がけています」と言っていました。日頃から遠慮なく話ができる習慣があるから、問題に直面した時にもきちんと話し合いが成立するのだといいます。

恋愛中のひとり親の皆さんは、子どもを置いてデートに行くことに罪悪感《ざいあくかん》があるかもしれませんが、将来、よい家族を築くためには必要な時間なので、ここはパートナーとも話し合って努力して、時間を確保するようにしましょう。

パートナーが子どもを置いてデートなんてできないと言いだしたら、ものわかりのいいふりをしないで、きちんと話して、理解してもらいましょう。

パートナーのことを心から愛して信頼できなければ、継子のことを愛するなんてできません。だからこそ最初は二人のパートナーシップをしっかりと築くことこそが重要です。保育園、親やベビーシッターに子どもを預けてデートするなど、二人の時間を上手につくりましょう。

すでに子連れ再婚されていてうまくいっていない方、手遅れだと諦《あきら》めないでください。今からでも遅くありません。今あなたの家族に必要なのは、**子ども抜きの夫婦の時間をたくさん持つこと**です。そして夫（妻）としっかり話し合える関係をつくることです。どうか心がけてやってみてください。

いい親になりますアピールはしない、信じない

私の知人のシングルファザーが、出会ってから3ヵ月もしないうちにスピード婚をしました。お互いに子連れ同士の再婚でした。あまりにも早すぎるのではないかと思って見守っていましたが、案の定、2年後には離婚してしまいました。

「うちの娘を見て『女の子なのにかわいい服を着せてもらえてなくてかわいそう。これからは私がかわいいお洋服を選んであげるからね』と彼女が言ったのを聞いて、彼女なら僕の子どもたちのいいお母さんになってくれるはずだと思ったんだけどね……」と彼は言いました。

いい継母《ままはは》になってくれるはずだという期待は、最初の3ヵ月くらいしか続かなかったといいます。継母の継子に対するストレスで妻は鬱病《うつびょう》になってしまい、彼は自分の子どもたちを元妻に託すことになり、そこまでしても頑張り切れずに、離婚することになってしまったそうです。

再婚したらあなたの子どもたちのいいお母さん（お父さん）になりますアピールは、恋愛時代にうかつにする人が多そうですが、絶対にしてはいけません。なぜなら彼のように、

子連れの親は過剰に期待するからです。

私も再婚する前のデートで元夫が、疲れて不機嫌《ふきげん》になっていたわが娘をおんぶしてくれたのを見て、この人ならきっと娘のいいパパになってくれるはずだと期待に胸を膨《ふく》らませて再婚したいなと思いました。

娘のいいパパを期待していたのだと思いますが、今考えると、私の勝手な期待だったなと思います。

恋愛時代にたまに接するパートナーの子どもはかわいくて当たり前です。この子となら、うまくやれそうだと誰もが思うでしょう。しかし、現実生活になるとうまくいきません。かわいいと思っていた継子との生活は、予想に反してストレスがたくさんあることにすぐに気がつくでしょう。

でも、**いい親になりますアピールをしてしまっていると、簡単に弱音《よわね》は吐けないし、パートナーに本心を相談したくてもできません。そして、孤独にストレスが溜まります。**

また、期待を持って再婚した実親側は、裏切られた気持ちになり、失望してパートナー（継親《ままおや》――血のつながらない親）を責めるでしょう。そして最悪な結末になるのが目に見えています。

まわりから再婚を反対された時は

誰もが祝福されて結婚したいはずですが、子連れ再婚でまわりに反対の声がある時にはどうしたらいいでしょうか?

まず親から反対されている人からの相談は多いです。子連れの相手との結婚を、親が簡単に賛成するわけはありません。わが子の苦労を思うからであり、当然です。それはよくわかるのですが、逆にシングルマザーやシングルファザー側の親の反対が足かせになっていることもあります。それは孫の心配です。

継親がちゃんと子育てができるのかどうかに不安を持っていて、安心して任せられないという気持ちからでしょう。また、同居で子育てに深く関わってきた祖父母の場合は、再婚によりかわいい孫と別々に暮らすことになってしまうことが寂しくて、反対理由になることもあります

親の忠告もなかなか耳に入らずに暴走してしまいがちですが、親の目は意外とシビアでいいところをついていることも多いので、反対意見に耳を傾け、考えてみることも必要です。そして、ご両親の不安について理解して、時間をかけて説得しましょう。わが子の幸

せを願わない親はいないので、納得できれば頼れる味方になってくれるはずです。

次にお子さんからの反対ですが、年齢によって違います。**低年齢のお子さんからの反対はパパ（ママ）をとられてしまう不安からくることが多いので、しっかりと愛情を注いで安心させてあげてください。**小学生以上になると再婚により失うものを恐れて反対することがあります。引っ越ししなくてはならなくなり、今まで慣れ親しんだ環境が大きく変わること、先生や友だちとの別れなどは子どもにとっては迷惑な話で、それが反対の理由になります。一方的に状況の変化を押しつけるのではなく、きちんと不安を聞いてあげて、妥協案などを話し合っていきましょう。今後の再婚家族を上手にやっていくためにも子どもの意見もちゃんと聞き、話し合いができる家族になっていくことは大切です。

そして、思春期のお子さんはとてもむずかしいです。できたらその時期の再婚は避けたいところです。**子どもとの話し合いは実親に任せましょう。継親になる人は親ヅラしないで一緒に暮らす仲間として接する**ことを心がけましょう。

子どもたちが独立してからの再婚は理想的ですが、反対されることもあります。遺産相続や介護やお墓の問題です。財産目的で再婚するのではないことを理解してもらうために、遺言状を先に作成し、子どもたちへの財産分与を約束したという例もあります。また介護やお墓の問題等、将来のことまで考えて子どもと話し合う必要があります。

子どもに再婚をきちんと伝える

「いつの間にか母の仲よしのお兄さんがわが家に出入りすることになって、気がついたら一緒に住むことになっていました」……再婚家族の子どもの取材で聞いた声です。

何人かのお子さんだった立場の方に取材をさせてもらっていますが、親からきちんと再婚についての話をされていないという人がわりといることにびっくりします。**親の再婚は子どもの人生を変える大きな出来事**なのに、その覚悟もないままに子どもが振り回されているのは、本当に気の毒としか言いようがありません。

離婚もそうですが再婚も子どもの意思《いし》では決められないことなので、親は子どもが理解できるように、しっかりと説明する義務があります。

まだ小さいからわからないのではないかと思って伝えなかったと言いわけする人がいますが、子どもは4歳くらいから親の離婚や再婚を理解する力があります。小さすぎると思わずに、年齢に合ったやさしい言葉で伝えましょう。再婚することを伝えて、子どもの疑問に答えてあげるのがいいと思います。

また、実の親から何も聞かされていないうちに、継親になるほうの大人が「お兄さん

（お姉さん）がお父さん（お母さん）になってもいい？」などと安易に言うのは避けてください。子どもはとまどい、困るでしょう。**再婚についての話は、必ず実親からするようにしましょう。**

面会交流の支援の現場でもこんなことがありました。月に1回面会交流している父親が再婚をしたらしく、そのことをいきなり子どもに伝えたので、子どもは混乱して以降の面会に行きたくないと言いだしたそうです。

こういった場合には再婚したことをまずは、子どもを養育している母親に伝えて、一緒に暮らしているお母さんから子どもに話をすべきです。その後、面会で会った時にお父さんからも改めて話をするのがいいでしょう。とにかく順番を間違えると子どもは不信感をいだき、親の再婚に対して頑《かたく》なになってしまいますので、注意したいものです。

また、再婚した時が乳児だったので子どもに再婚家族だということを言っていないというご家庭もありますが、いつかは子どもにもわかることです。再婚家族だということがショックではなく、親が隠していたということにショックを受けると思うので、**4歳くらいになったら早めに事実を伝えましょう。**

むずかしいことではありません。血のつながりはないけれど、家族なんだよということを自信を持って伝えればいいだけのことです。

どのタイミングで子どもを紹介するのがいいか

子連れ恋愛がスタートしました。どのタイミングでお子さんとパートナーを引き合わせるかは悩みどころです。子どもがいて恋愛するということは将来、家族になることを見越して覚悟を決めていく必要がありますが、最初から過剰にそれを求めないことです。

他人の子どもの親になるということは、相手にとってはプレッシャーです。そのプレッシャーを乗り越えて家族になりたいという強い決心をするまでには、時間もかかります。

最初から子どもも含めて愛してほしいという気持ちはわからなくはありませんが、あなたのことを愛しているからこそ、子どものことも愛そうとするのが子連れ恋愛の真意です。

まずは焦らずに二人の信頼関係をしっかりと築きましょう。なかなかデートの時間がとれないという理由から、ついつい子どもを最初からデートに同席させていたという人もいますが、それは避けてほしいと思います。

少ない時間でも二人だけの時間をしっかりとつくって、お互いが家族になる覚悟ができるまでは子どもを巻きこまないことです。

覚悟を決めて子どもに会わせるタイミングがきたら、**まず最初はママ（パパ）の仲よし**

の異性の友だちとして紹介しましょう。いきなり再婚するとか、これから親になる人だと言われたら子どもはびっくりするし、実親をとられてしまうような不安を抱え、素直に受け入れられないでしょう。

友人の家を訪ねた時に、その家の子どもといきなり仲よくはなれないはずです。最初は挨拶程度で、だんだんと自分の親と仲のいい人なんだと思った子どもは、興味を持って近づいてきます。会ったとたんに、大昔から知り合いだったように打ち解けて仲よくできるはずはありません。

しかし、いざはじめての対面となると大人は勝手に頭の中でリハーサルして、彼（彼女）の子どもとならすぐに信頼関係ができるはずだと思いこみ、そうならなかった時に絶望を感じて傷つき、さらにプレッシャーを感じてしまいます。

子どもは知らない大人を紹介されたら、仲よくなりたいという気持ちになるまでにはゆったりとリラックスする時間が必要なのです。最初はみんなで楽しめそうな場所に出かけましょう。

動物園や遊園地など、あまりじっくりと会話をしなくても一緒に楽しめる場所がいいでしょう。長時間ではなく短時間で一緒に楽しむことから始めましょう。

子どもの養子縁組をどうするか

未成年のお子さんがいて再婚する場合、養子縁組をするかしないかは冷静に考えてほしい問題です。婚姻届と一緒に養子縁組届を出さなくてはいけないと思って、深く考えなかったという方が意外と多く、子どもの親権者になるということに関して安易すぎるなと感じるからです。

親権とは、親が未成年の子を一人前の社会人になるまで養育するため、子を監護教育し、子の財産を管理することを内容とする、親の権利義務のことです。実際には義務の要素が強いといわれ、親としての義務を果たさなければならない人になります。再婚するんだから相手の子どもの親としての義務を果たすのは当たり前だと自信を持って言える人は養子縁組をしてもいいと思いますが、再婚は子どもの親になるためにするものではありませんので、最初から自信を持って言い切れる人は少ないのではないでしょうか。

養子縁組は婚姻届と一緒に出さなくても、いつでも出せます。相手の子どもの親になる覚悟がちゃんとできてからでも遅くありません。

また、女性のほうに連れ子がいる場合には戸籍や苗字の問題があり、養子縁組を急ぐ方も多いようですが、養子縁組をしなくても同じ苗字になる方法もあります。

「子の氏《うじ》の変更」を家庭裁判所へ申し立て、許可が下りたら子どもを新しい戸籍に入れるための「入籍届」を市役所等へ提出します。この手続きでみんな同じ苗字になり、同じ戸籍に入れます。

私はお互いに子連れで再婚した時に、お互いの子どもたちの養子縁組を選びませんでしたが、子どもと戸籍や苗字が違うことに特に不都合はありませんでした。入籍により私の苗字だけが変わり、２人の子どもたちは戸籍筆頭者の抜けた戸籍に新川姓のまま残ることになりました。

学校では私は通称で新川姓を名乗っていたし、特に問題を感じることはありませんでした。子どもたちは再婚で苗字が変わるのを嫌がっていたのでそれでよかったと思います。同様に夫の子どもたちとも養子縁組はしなかったので、戸籍上は夫の妻にはなりましたが、夫の子どもたちにとっては同居人であり、親権義務はともなわないので気分的にはとても楽でした。

養子縁組解消もいつでもできるので、逆に関係性が悪くなってから縁組を解消したという人もいますが、あとあと解消するくらいなら最初からしないで、必要に迫られた時にすればいいのではないかと思います。

子どもに継親をどう呼ばせたらいいか

子どもにとって親の再婚相手をどう呼んだらいいのかは、わりと重要な問題です。また、世間もそれを気にしている傾向があることを感じます。

交際中はニックネームや「君」「さん」づけで呼んでいたという子が多いです。私の継子たちも私のことを「てるてる」というニックネームで呼んでいました。再婚したあとも特に「お母さん」と呼ばれたいとは思っていなかったので、しばらく継子たちはそのまま「てるてる」と呼んでいたのですが、当時2歳だった下の継子は保育園で先生たちが「ママが迎えに来たよ」と私のことを教えるので、いつの間にか「ママ」と呼ぶようになりました。

少し遠慮がちに「ママ」と呼びはじめたので、「ママって呼びたいの？」と聞いたら、うなずいたので、「いいよ」という会話を交わした思い出があります。

きっと保育園の先生たちも、「親になったんだからママと呼ぶべきなのでは？」と気にしていたのではないかと思います。上の継子は12歳だったので、そのまま「てるてる」と呼んでいました。私の子どもたちも、夫のことはニックネームで呼んでいました。

家族になるのだから「パパ」「ママ」と呼んでほしいと思う継親もいれば、実の親ではないからそう呼ばれるのは重いという継親もいます。

取材で出会った子連れ再婚家族で育った女性が、「母が再婚してからずっと継父のことをどう呼んだらいいのか気にしていました。ある時、継父に『お父さんって呼んだほうがいい？』と聞いたところ、ぶっきらぼうに『そんなのいいよ』と言われて傷つきました。二度とお父さんなんて呼ばないぞと思いました」と言っていました。

きっと継父は照れくさくてそう答えてしまったのかもしれませんが、勇気を出して口にした彼女の気持ちを踏みにじる答えになってしまったんだなと残念に思います。

彼女もそうですが、どう呼んだらいいのかわからないまま、大人になるまで一度も名前を呼んだことがないという人もいました。「ねぇ」とか「あのさ」というふうに話しかけていて、名前で呼んだことがないそうです。

子どもが呼びたいように呼ぶのがいちばんいいと思います。無理して「パパ」「ママ」「お父さん」「お母さん」と呼ぶ必要はないし、ニックネームで呼んでいるからといってその親子が変だということもないと思います。

また、離婚して実の親と面会交流があり、実の親を「パパ」と呼んでいるので、継親を「とうちゃん」と呼んでいるという子もいました。自由でいいと思います。

再婚後はどこに暮らすか

再婚家族の住宅事情ですが、子連れ再婚した人たちを見ていると、どちらかが暮らしていた家に片方が引っ越しをするというのが経済的にも負担が少ないので多いようです。私も再婚した時には、賃貸の敷金・礼金・引っ越し代の二重負担などを考えて、夫家族に引っ越してきてもらいました。

しかし、**もともと住んでいた家族にとっての縄張《なわば》り意識があり、そこに新しい家族が入っていくのは、実はとてもたいへんなことです。**先に住んでいた家族が新しい家族を迎え入れることを快く思っていなかったりして、ぎくしゃくすることもあるからです。理想をいうと、初婚の家族のようにまったく新しい家でスタートできればいいのですが、なかなかそうはいかない場合が多いようです。

以前、取材でおじゃました一軒家がとても素敵だったので、取材対象者の継母さんに「素敵なご自宅ですね！」と言ったら、彼女の顔つきが曇って、「夫と元嫁が建てた家です」と言われて、しまった！　と思ったことがあります。

その家は死別の子連れ再婚家族でした。その家には元妻の遺品が置かれている部屋もあって、彼女はその部屋のことを「開かずの間」と呼んでいて、その部屋に入るのは夫だけだと言っていました。きっと仏壇もその部屋にあるのでしょうとのことでした。亡き妻の建てた家はキッチンのカウンターの高さが低くて、身長の低い元妻に合わせて設計されていたようだったので、そこだけはリフォームしてもらいましたと言っていました。でも家具、カーテン、食器など、元嫁が揃えたと思わせる生活用品を見ながら暮らすのは本当につらいと話していました。

また、娘2人を連れてシングルマザーの妻側の家に引っ越してきた家族がいました。この2人の娘たちは学校を転校するのをとても嫌がって、再婚を反対していたそうですが、父親が強引に引っ越しを決めたそうです。

引っ越しで届いた子ども部屋の段ボールに、「引っ越したくない。ふざけるな！」「一生恨んでやる」などの殴り書きがあり、気分の悪い家族のスタートになったといいます。

このように子連れ再婚家族が再婚後にどこに暮らし、新しい家族の生活をスタートさせるのかはとても重要な問題です。家族のそれぞれが納得する新居を選べれば、それに越したことはありませんが、必ず誰かに不満があったりひずみが生まれたりします。

事前にそれを覚悟して妥協策を話し合い、みんなが納得して新居で一緒に頑張れるように、焦らずに考えていくことが大切です。

再婚後のお金をめぐるライフプラン

ひとり親から再婚される人に特に気をつけてほしいのは、**再婚したら生活が楽になるだろうという思いこみ**です。これまでひとりで家計を支えてきたので、パートナーができることによって、生活が楽になると安易に考える気持ちはわかりますが、ここは冷静に考えてみてください。

実は私にも失敗談があります。私も夫と子連れ同士で再婚した時には、これまでのシングルマザー生活から抜けられるし、二人の収入を合わせたら楽な生活を送れるようになるのではないかと期待しました。

ところが再婚することになり、引っ越しでお金がかかり、彼の子どもたちの転園や転校で制服や教科書など新たに揃えなくてはならないものが増え、出費がかさみました。また、それまで受給していたひとり親家庭に支給される児童扶養手当がなくなりました。

さらに私は再婚する数年前に娘の大学の入学金をひとり親家庭の貸付で借りていたので、その借入金を一括で返済しなくてはならなくなりました。夫には貯金もなく借金があったので、私たちの生活は再婚当初、かなり苦しいものでした。

さらに元夫からの養育費をもらっているシングルマザーの場合には、再婚によって養育費が減額されたり、削減されることも多いです。離婚男性と再婚される場合には、相手が元妻のもとにいるお子さんに養育費を払っている場合もあります。

また再婚後に家事や育児に専念するために、これまでの仕事をやめてしまう人も少なくありません。するとどうでしょうか？　再婚して生活が楽になると安易に考えるのは危険だということがわかります。再婚相手が財産を持っていたり、特別に収入が多い場合以外は苦しくなるご家庭のほうが実は多いのです。

そう考えると、再婚後のライフプランはとても大切です。私のように「こんなはずじゃなかった」とならないように、計画的に考えましょう。**お互いの子どもの年齢により、これからかかってくる養育費や教育費なども考慮していかなくてはなりませんし、子どもが独立したあとの夫婦の老後のことまで考えてほしいところです。**

離婚・再婚が増えている今は、一般的なマネープランではもはや通用しない時代になっているのです。それぞれの家族で置かれている内容は異なるので、自分の家族はどうなるのか疑問を持ち、窓口（ＦＰ＝ファイナンシャルプランナーなど）に相談する行動力と、保険・貯蓄・投資などでの備えも求められるので、これから準備が必要です。

妻の姓を名乗る選択肢もある

日本では再婚時に、婚姻届でどちらの姓を選ぶのかの記入が義務づけられています。それは、民法第750条によって夫婦が同姓となることが義務づけられているからです。制度的には、男女平等の「夫婦同姓」ですが、実は96パーセントの女性が夫の姓に変えている現実があります。**子連れ再婚で妻側だけに子どもがいて、夫が独身の場合には妻の姓を名乗るという選択肢を私はおすすめしたいと思います。**

私の友人の子連れ再婚家族は妻の姓を名乗る選択をしています。妻側がひとりっ子で親の面倒を見なくてはならず、もともと婿《むこ》養子を求めていたのと、妻側に子どもが2人いて子どもたちの苗字の変更をしたくなかったので、独身だった彼と話し合って決めたといいます。

特に不利益はなく、逆に子どもたちの苗字を変えたり、学校での名前の変更による諸手続きなどが不要だったので、とても楽だったといいます。妻の姓を名乗る手続きは、婚姻届のチェック欄にチェックを入れるだけです。

再婚により妻が夫の姓を名乗ることによって、子どもは養子縁組をしないとお母さんと苗字が別になってしまいます。そのため養子縁組をしたという人が多くいますが、妻の姓を選択すれば、養子縁組の手続きの必要もありませんし、子どもはこれまでの苗字のままです。妻が戸籍筆頭者になっても夫の扶養に入ることもできるし、親からの相続や戸籍上の親子関係も何も変わりません。

改姓する側の会社への改姓届、社員証、保険証、銀行口座、クレジットカード、運転免許証、さまざまな契約ごとの名義変更は必要になりますが、いずれにしてもどちらかがやらなくてはならないことなので、夫がやればいいだけのことです。

再婚による改姓はどちらかの姓を名乗ることによって新しい家族のチーム名ができるということですので、さほど深く考える問題でもないかと思います。しかし、日本社会では家を継《つ》ぐという文化がまだまだ根強く残っているので、大した家柄じゃなくても長男が改姓するとなると、ご両親やまわりの反対にあうこともありますので、そこは注意しながら進めたいところです。

子連れ再婚家族になるにあたって、妻のみに子どもがいる場合には苗字を変えることによってのデメリットは妻側のほうが多いので、妻の姓を名乗るという選択肢もあることを覚えておいてください。

事実婚という選択

私の子連れ再婚生活8年間は最初の2年が事実婚、間の2年が法律婚で残りの4年は事実婚でした。すぐに入籍しなかったのは、早期に根拠のない自信が打ち砕《くだ》かれて、自信がなかったのと、仕事を続ける上で「新川」という苗字にこだわりがあって、夫の苗字になるのが嫌だったからです。

今思うと、この事実婚という選択はよかったなと思います。なぜかというと、入籍するまでにじっくりと考える期間があり、覚悟するうえで大切な時間だったと思えるからです。

事実婚で2つの家族が同居するにあたっては、戸籍上の入籍は必要ありませんが、住民票の転居・転入届が必要になります。同居にあたり住民票を移動する時に、同居する夫と私の関係を告げると、単なる「同居人」という記載ではなく「妻（未届）」という記載が適用されます。これによって事実婚という扱いになります。住民票があれば銀行で夫の口座を代理でつくったり、契約ごとを夫に代わってできるようになりました。なので、法律婚していなければできないことは特になく、不便さも感じませんでした。

なぜ入籍したのかというと、夫が「苗字が同じじゃないと家族の気がしない」と言いだしたので、彼の意向を汲《く》んだのですが、苗字が変わった2年間は違和感を持っていたし、仕事をしていくうえで不便さを感じたので、離婚してまた事実婚に戻りました。

苗字の問題は私の元夫がそうだったように、同じ苗字になることに家族感を感じたり、喜びを感じる方も多くいると思うので、無理強いはしませんが、事実婚という選択肢もあることをお伝えしておきます。

法律婚していなくても子連れ再婚家族にはなれます。私の知り合いのシングルマザーも恋愛して父子家庭と同居することになり、事実婚で子連れ再婚家族をしている方が何人かいます。

私と同じようにすぐに入籍する覚悟がなかったので、様子を見ようと思って事実婚からスタートしたけれど特に不都合はないし、セメントベビー（１０４ページ参照）をつくるという予定がなければ、無理に入籍をする必要性も感じないと言っています。

知り合いに事実婚を解消して子連れ再婚家族をやめたというシングルマザーもいましたが、入籍していなかったので離婚の手続きもなく別居すればいいだけのことだったので、気楽だったといいます。

別れる時のためにとは言いませんが、覚悟ができるまでは入籍を急がずに、事実婚という選択もおすすめです。

再婚セレモニーのすすめ

子連れ再婚では、子どもがいて時間がとれなかったし、いきなり同居生活が始まったので結婚式も新婚旅行もしなかったというご家族が多いようです。でも、うまくいっている子連れ再婚家族の方にお話をうかがうと、ブライダル写真を撮ったり、家族で記念の食事会をしたり、新婚旅行に行ったり、何かしらのセレモニーをおこなって家族をスタートしたというお話をよく聞きます。だから私は、なんらかのセレモニーをちゃんとすることをおすすめしています。**再婚前の家族の共同作業として、話し合いをして、セレモニーを決め、実行することは、とても意味があることだ**と思うからです。

私は、式は挙げませんでしたが夫と二人で写真館に行きブライダル写真を撮影して、そのあとホテルに宿泊してディナーを楽しんで一日を過ごしました。遠出をしたわけでもありませんが、これから新しい家族をつくっていくということを、パートナーと一緒に厳《げん》粛《しゅく》に受け止めるいい機会になったと思います。

アメリカにはペンダントを交換するステップファミリーのためのセレモニーがあります。3つの輪をかたどったペンダントを新しい家族になるメンバー間で贈り合うというセレモニーです。

日本でも最近は再婚式を挙げる人が多くなっていると、知り合いのブライダルプランナーから聞いています。再婚式ならではなのは、子どもがいることです。新郎新婦の席に一緒に子どもが座ることもあれば、親族席に座ることもあります。ウェディングロードを子どもが新婦と手をつないで歩く式もあるようです。特に決まりはないので、それぞれの家族に合った形の再婚式を考えてみるのもいいと思います。

プレナップ（婚前契約書）をつくるのもおすすめです。日本では一般的な習慣ではありませんが、ヨーロッパなどの一部の文化圏では結婚前に婚姻に関する契約書を作成する場合があります。この婚前契約書のことを英語で「Prenuptial agreement」、略語で「Prenup」（プレナップ）と呼びます。

私は再婚前にプレナップのことを知り、夫と相談して婚前契約書を作成しました。プレナップは主には夫婦の共有財産について定める契約なのですが、私たちには財産はなかったので、私的な覚書のような感じでお約束書を作成しました。

婚姻前に夫婦間の約束事項を話し合えたのはよかったと思いましたし、これもひとつのセレモニーだったと思います。

第2章　子どものことで悩んだら

継子を愛せない

「継子《ままこ》を愛せません」というのが多くの継親《ままおや》から寄せられる悩みです。

ずばり、お答えします。**継子は愛せなくて当たり前です。**なぜなら継子とは自分が愛したパートナーと過去に愛した人との間に生まれた愛の結晶です。パートナーに似ているところがあるとともに、元妻（元夫）にも似ているところがあり、その面影に嫌悪感《けんおかん》をいだくのは人として当たり前の感情です。

また、責任のともなわない他人の子どもなら無責任にかわいいと思えても、責任をともなう他人の子どもに対して親としてのプレッシャーを感じ、継子に性格の悪さや、過去の甘いしつけからくるわがままさを感じると、どうしても苦手《にがて》意識を持ってしまいがちです。

また、この気持ちをまわりが理解してくれないところにもストレスは募《つの》ります。私のもとにカウンセリングに来る継母《ままはは》さんたちに、私が「愛せなくて当たり前だし、自分の子のように愛さなくてもいいんですよ」と言うと、肩の荷がおりたように泣きだす人がいます。

よくよく話を聞くと、どこの子育て相談に行っても、その気持ちを理解してくれる人はいなかったといいます。「子どもは抱きしめて育ててあげましょう」「お母さんになったんだから、もう少し頑張らないとね」などと励まされて、それができない自分は母性本能が欠落したひどい親だと自分を責めて苦しんできたといいます。「新川さんみたいに私の気持ちを理解してくれる人にこれまで出会えなかった」と言われ、感謝されます。

さらにこの悩みは、実親であるパートナーには決して打ち明けることのできない悩みでもあるので、ひとりで抱えて苦しくなるばかりです。わが子のように愛さなくてはいけない、よいお母さんにならなくてはいけないと思うと、自分を追い詰めるばかりです。

継親ならば誰もが感じる感情だと知り、所詮《しょせん》は他人の子どもだからわが子のように愛することができるわけないと、少しドライに割り切るほうがいいと思います。

「夜泣きする継子を黙らせたくて、息が止まりそうなくらいに抱きしめてしまったことがあります。このままだと虐待死《ぎゃくたいし》させてしまうと思って、その苦しい気持ちをパートナーに打ち明けたら、一緒に考えてくれるようになり、子育てを手伝ってくれるようになって楽になりました」と答えてくれた継母さんがいました。

このように理解のあるパートナーなら打ち明けてうまくいくこともあります。でも大概《たいがい》、実親側は、実の子のように愛してほしいと思っているので、それが継親のプレッシャーになっていることを知り、一緒に問題と向き合う必要があります。

継子と一緒に寝たくない

日本の家族にありがちな川の字で寝る習慣、あなたはどう思いますか？　子連れ再婚家族でも川の字で寝ているという家族はありますが、私はおすすめしません。

そもそも川の字で寝るメリットとはなんでしょうか？　仲よしの家族だということを実感するためでしょうか？　昔は狭い住宅事情により家族がひとつの部屋で川の字で寝るのは効率がよかったのかもしれませんが、現代には必要のない習慣だし、実の親子でもない継親子《ままおやこ》にとってはストレスになる習慣だと思います。

そもそも子連れ再婚家族の場合には、継親子関係を親密にする前に夫婦の絆《きずな》を揺るぎないものにする必要があるので、**再婚当初から継子と一緒に川の字に寝ることは絶対に避けたほうがいいと私は思います。**

私も再婚当初、夫婦の寝室と子どもの寝室を分けました。当時、2歳になったばかりの継子は再婚前にはパパと添い寝をしていたので、そうしないと眠れませんでした。それで、最初は寝つくまでの数分は夫に添い寝をしてもらって、子どもが寝ついたら夫には夫婦の寝室で寝てもらいました。

新しい生活に慣れない継子は不安だったのか、夜中にたびたび起きては、夫婦の寝室に泣きながらやってきました。そこで、実の母親ならばおそらく夫婦の間に子どもを入れて、あやしながら川の字で寝るところですが、私にはどうしてもできませんでした。それで夫に再度、継子が寝つくまで子ども部屋で添い寝をしてもらいました。数ヵ月後には継子も慣れて、自然にひとり寝ができるようになりました。

「継子と川の字で寝るのが嫌《いや》で嫌でたまらない」という相談をカウンセリングで受けたこともあります。住宅事情で子ども部屋がつくれずに一緒の部屋に寝なくてはならない場合もありますが、その場合には夫婦の間に子どもを入れた川の字ではなく、夫婦が隣り合わせに寝て、実親の向こう側に継子を寝せるのがいいと思います。

実の親子関係なら、夜中に子どもの布団がはだけていたらかけなおしてあげる親心もあり、添い寝のメリットもありますが、継子に対してそれはないし、苦手意識がある場合も多いので、ストレスになるばかりで何もメリットはありません。

また、寝る前のピロートークを大切にしていると教えてくれたご夫婦もいました。その日の出来事を寝る前の少しの時間でおしゃべりしているのが、夫婦の信頼関係を築く時間になっているというお話でした。子どもと一緒に寝ていたら、それもできません。

継子の予防接種や健診が不安

私が子連れ再婚をした時に、下の継子は2歳になったばかりでした。予防接種や乳幼児健診に行かなくてはならないことが多かったのがたいへんだったのを覚えています。

夫は父子家庭だったので離婚当初、乳飲み子を引き取り余裕がなかったこともあり、乳児期に済ませないといけなかった予防接種をひとつもしていませんでした。そこで再婚した私は、仕事の合間をぬって継子を予防接種に連れていこうと思いました。

訪れた病院で母子手帳を見た看護師さんに、「お母さん、予防接種ひとつもしてないじゃない。今まで何していたの？」と咎《とが》められました。「私はこの子の実の親じゃないんです。再婚したので、パパの代わりに連れてきました」とはっきりと言ったら、「そうなんだ、お父さん、今までひとりでたいへんだったのね」と同情されました。

私のように自分の言葉ではっきりと説明できる人はいいのですが、多くの継母さんは言えずに、咎められたらストレスが溜《た》まるのではないでしょうか？

子どもの乳児歯科健診で、「お母さん、この子の虫歯はひどいですね。お子さんにこれまでどんな食生活させてきたんですか？」と咎められ、実母ではないことを言えずに落ちこんで帰ってきたという愚痴《ぐち》を聞いたこともあります。

このように乳幼児の継子を持つ、継母さんは病院で出生時のことなどを尋《たず》ねられて、言えずにストレスが溜まることがあります。子どもの過去の健康状態や、病歴、予防接種の状況など、継親になったばかりの親にはわからないことばかりで不安があります。

可能であれば実親に一緒に行ってもらうのがいちばんいいとは思いますが、仕事などがあって、なかなかそうもいかない場合のほうが多いのが現状です。

「実の子どもではないので、これまでのことはわかりません」と堂々と言えないのならば、せめて母子手帳に記載しましょう。母子手帳の実母の欄に（実母・〇年離別）その下に自分の名前を書き、（〇年～再婚して継親になりました）というように記載をすればいいと思います。

幼い子どもの健診や予防接種の時には母子手帳の提出が必要なので、口頭で伝えなくても上手に伝えられるいい手段になるはずです。

最近、私は保健師さんの講習会で子連れ再婚家族についての講義を頼まれることも増えてきています。医療現場でも多様化する家族を理解しようという姿勢はあると思いますので、怖がらずに堂々と伝えられるとストレスを回避できるのではないでしょうか。

継子は他人の子どもだと割り切る

再婚当初、私は継子に対して「自分の子どものように接しなくては」「人様に対して恥《は》ずかしくない子に育てなくては」と実の親のようになろうと頑張っていました。特に下の継子に関してはまだ2歳だったので、まだまだしつけは間に合うはずでした。

朝起きてきちんと顔を洗い、歯をみがく、着替えをしてからごはんを食べる、いつでもきれいに片づいた部屋で生活する、そんな理想の子どもに育てようと頑張っていた時期がありました。

ところが数年後には、継子は朝起きて顔を洗わなくても平気、パジャマのままでごはんを食べ、いつも部屋は散らかっている。そんな子に育ちました。まったく私が思っていた通りに育たなかったのは、私が途中でしつけをあきらめてしまったからです。

なぜかというと、ある時、夫との子どものしつけに対する価値観の違いに気がつきました。父子家庭で2人の子どもを育ててきた夫は、子どものしつけに関してはおおらかで、小さなことは気にしない人でした。

子どもたちもそれに慣れてしまっているので、私がいちいち注意をすることがストレスになり、お互いに気分が悪くなるばかりだということに気がついたので、私は私の価値観で継子をしつけようとするのをやめました。

これが夫婦二人の間の子どもだったら話し合いをして、夫婦の意識合わせをして一緒にしつけをしていこうと思うはずですが、彼の子どもだから私がそこまでしなくてもいいやと思うことにしました。

所詮、継子は他人の子。**夫がどう育てたいのかを尊重して、私は夫の子育てのサポート役に徹すればいいだけだと思うことにしました。**そうすることで、私も継子たちにガミガミとストレスをぶつけて怒ることもなくなり、気楽になりました。

再婚したんだから子どものしつけは夫婦で一緒にやりたい、もしくは継母に任《まか》せたいと思っている父親は多いです。しかしそれまで築かれてきた、生活習慣の違いやしつけ方針を途中から継親の思い通りに変えようとすると無理があり、ストレスが溜まる一方です。

そして、それは自分が好きなパートナーのこれまでの生活習慣や子どものしつけの方針を否定することにもなりかねないので、夫婦関係に亀裂《きれつ》が入るかもしれません。そんなことにならないためにも、継子に関しては、所詮は他人の子どもだからと割り切って、気軽に考えることをおすすめします。

しつけや注意は実親に任せる

前項にも書きましたが、私はある時期から継子のしつけは完全に実親である夫の役割だと思うようにして、夫のしつけ方針にしたがってサポート役ができればいいと思うようにしました。これはお互いに子連れだった私たち家族のルールのようなもので、お互いの子どもは実親が責任を持とうという約束をしました。

ですから私が彼の子どもたちを叱《しか》ることは少なかったし、夫も私の子どもたちを叱ることはあまりありませんでした。**それぞれ継子に注意したいことがある時には、子どもに直接言うのではなく、実親を介して伝えようという約束**でした。

なぜこんなルールを決めたのかというと、私にとってこの家族は2度目の子連れ再婚家族だったのですが、最初の子連れ再婚の時に、私の長女が「実の父親でもない継父に厳しく怒られるのがとても嫌だった」という話をしていたからです。

たしかに実の親子ならばどんなに激しく喧嘩《けんか》をしても、わだかまりもなくケロリとしていますが、継親子関係はそうはいきません。いつまでも根に持つし、それが継親子関係がうまくいかない引き金にもなり、のちのち悪い関係性があとをひくことにもなりかねません。

継親は継子に対していいとこ取りをすることを心がけたほうがうまくいきます。たとえば継子が夫に厳しく叱られた時には、私は助言する役割になり「どうしたの？　なぜ怒られちゃったの？」「それはあなたが悪いからパパにあとでちゃんと謝《あやま》ろうね」と助言したり、「それはパパが感情的になりすぎてるよね」と継子の味方をしたりして、いつもいいとこ取りをするように心がけていました。

実親子は本当に不思議で激しく喧嘩をしたあとに、あとくされなくケロリとしているので、さんざん心配した自分が馬鹿みたいに思えてイラッとくることもたびたびありましたが、自分が継子とぶつかって気分の悪い思いをするよりは気楽だと思いました。

子どもと一緒にいる時間はどうしても母親のほうが長いので、夫は頼りにならず継子のしつけを継母が担当しなくてはならない場合のほうが多いとも思いますが、その場合にもせめて実親がいる時には実親に任せる、いない時には「パパがこう言っていたよ」という感じで、実親のしつけの意向を伝えるなど、できるだけ継母の感情で怒りをぶつけていると思われないような、距離の取り方を心がけてみるといいでしょう。

継親のしつけが行きすぎだと感じたら

実親側から、パートナーのしつけが厳しすぎるという悩みもよく聞きます。前項に書いたように本来なら、しつけの役割は実親に任せたほうがいいと思うのですが、親になったんだから一緒に頑張りたいという継親もいるし、子どもと一緒にいる時間の長い継母さんは、実親である夫に任せたくても任せることができない時間がたくさんあります。

子連れ再婚家族で起きる虐待事件は少なくありません。逮捕された親が「しつけのつもりだった」という言いわけをしますが、しつけと虐待はまったく別物です。

しつけとは、子どもに社会のルールやマナーを教えたり、自立して生きていくために必要なことなどを教えるのが目的です。その基本は、愛情を持って、子どもに理解させながら繰り返し教えることで、叱るだけでは身につきません。ましてや、まだ信頼関係も築かれていない時期に継親が感情的に叱ることは、子どもにとってはつらい経験にしかなりませんし、そこから何も学ぶことはできないでしょう。

「虐待」とは、子どもを思うようにコントロールできないことへの親自身の怒りや腹立ちをしつけと称して、親が自分の力を悪用して子どもに対して、暴力をふるうことです。だから、親が中心となっている自分勝手な行為です。**時に継親のイライラは虐待行為に近いものになっていることが多いので注意したいところです。**

特に叩《たた》くなどの暴力行為は、継親は絶対にやらないと肝《きも》に銘じることが大切です。たしかに、悪いことを悪いと教えることは大切です。しかし体罰は、子どもに恐怖感を与えることで言動をコントロールする方法でしかありません。

パートナーのしつけが厳しすぎると感じたら、それが本当に愛情の気持ちからしていることなのか、継親ストレスからしていることなのか冷静に見極《みきわ》めることが大切です。**子どもは実親が守ってあげるしかありません。行きすぎるしつけが継親のストレスからきていることだと感じたら、それははっきりとやめてほしいと伝えて子どもを守ってあげる責任があることを忘れないでください。**

同時に、虐待しそうな気持ちまで追い詰められているパートナーの気持ちをどうにかしてあげることも必要です。そんな時はパートナー自身がかなりストレスを抱えていて、切羽詰《せっぱつ》まって追い詰められている状況だと思います。

あなたがストレスを受けとめて聞いてあげることができないのなら、専門の相談窓口を教えてあげてください。児童相談所の電話相談やオレンジリボン（子ども虐待防止）の相談電話では、責めることなくストレスを受けとめてくれます。

夫（妻）とわが子の関係がうまくいかない

子連れ再婚家族の親としてのストレスは継親だけではありません。パートナーとわが子の板挟《いたばさ》みになる苦しみ、あちらを立てるとこちらが立たずといったジレンマは実親の悩みです。

「夫とわが子のイライラがぶつからないように、いつも事前に気配りして両方のご機嫌をうかがっているので疲れてしまいます」という実親さんがたくさんいます。実の親子なら喧嘩にもならない些細《ささい》なことばかりです。

たとえば、思春期の子どもとパートナーのお風呂に入るタイミングがぶつかり、直接話し合い、譲《ゆず》り合いをすればいいのに、それができなくてイライラしているのを見て、間に入って四苦八苦するとか、継父《ままちち》に厳しく怒られたわが子をなだめたら、「あの人嫌い。再婚なんてしてほしくなかった」と子どもから言われて傷ついたり、実親ならではのストレスがたくさんあります。

私にも経験があります。子どもを連れて初婚の男性と再婚した時に、子どもを見てもらっているからという負い目があって、彼の厳しすぎるしつけを咎められずに、表立って子どもの味方になってあげられなくて自己嫌悪に陥《おちい》りました。

そんな経験があって、前にも書いたように、子どもに注意する時には継親が直接言うのではなく、先に私に相談してもらって私から言うようにするからというルールをつくりました。

イライラしているのをハラハラして見て焦るよりも、問題について事前に継父のストレスを聞き、子どものストレスも聞き、調整できるのでよかったと思いました。

逆に子どもが継父に直接、「前のほうがよかった」「実の父親のほうが好き」と言ってしまって、継父が落ちこんで困っているという相談を受けたことがあります。子どもが継父に遠慮なくそんな気持ちをぶつけられるのは、信頼関係があるからなので落ちこまないで、自信を持っておおらかに受けとめてと伝えてあげてくださいとアドバイスしました。

できるだけ気にしない力を養うことです。時とともに継親子関係が遠慮なく言い合える関係になるのを見守るしかありません。日々のストレスにすべて先回りして気疲れしないように、継親子が自分たちで話し合いをして問題を解決できるようになっていくことも大切です。パートナーにさりげなくアドバイスしたり、それぞれの愚痴を聞きつつ励ましたり。時間はかかりますが、おおらかに構えて二人を見守ることです。

継子の保育園や学校とのつきあい方がわからない

継子が引っ越ししてきて、保育園に入園したばかりの頃にこんな事件がありました。私は子連れ再婚家族であることを先生たちにはちゃんと伝えていて、子どもに何かあったら保護者は父親なので夫に先に連絡をしてほしいとも伝えていました。

ところが彼女が熱を出すと、まず最初に私あてに電話がかかってくるので、「先に夫に連絡をしてください」と言うと、「だってお母さんですよね？」と言われて、担任の先生が理解してくれなかったので、園長先生あてに手紙を書きました。

手紙の内容は子連れ再婚家族という新しい家族形態を先生たちも学んで理解してほしい。わが家は子連れ再婚家族で、継子と私はあえて養子縁組を選んでいないので、私は法的には彼女の保護者ではなく、保護者は夫だけです。保育園の送迎などをお手伝いしているのはパートナーである夫の子育てのサポートを担っているだけで、継子の親としての役割だとは思っていません。

子どもに何かあれば先に保護者である夫に連絡をとり、必要であれば私が迎えに来ることもありますが、それは先生が決めることではなく夫が判断することですと。

この手紙を受けとった園長先生からは謝罪のお手紙をもらいました。その後は継子が熱を出した時にはまず夫に直接連絡が行くようになりました。今思い出すと、モンスターペアレントだったかなとも思いますが、私は子連れ再婚家族を保育園の先生たちにも学んでほしかったし、問題提起できたことはよかったと思っています。

その後も小学校や中学校に進学する継子の家庭調査票には子連れ再婚家族であることを隠さずに明記して、何かあれば親権者（保護者）である夫に連絡をしてほしい旨を伝えるようにしていたのでストレスはありませんでした。

子連れ再婚家族であることを隠していたいというご家庭もありますので、無理強《じ》いはしませんが、**子どもの保育園、学校の先生たちには隠さずに伝え、実の親のようにはいかないこと、ストレスになるので気持ちを理解して応援してほしいことなどを素直に伝えて味方になってもらうといいと思います。**

私のまわりの継母さんも子どもの学校や学童保育で、「はじめての子育てが他人の子どもでわからないことだらけなので、いろいろ教えてください」と伝え、先生も味方になってくれるので助かっていると言っていました。信頼のおける先生がひとりでもいると心強いと思うので、あきらめないで心を開いておつきあいしてみてください。

実子と継子を比べてしまう

お互いに子連れ同士で再婚して、子ども同士、年齢が近かったりするとありがちな悩みですが、実子と継子をついつい比べてしまってストレスが助長するという悩みです。

母子家庭と父子家庭の子育ては同じひとり親の子育てですが、違った傾向があります。母子家庭の子どもは割としっかりと厳しくしつけられている子が多いので、まわりの同年代の子どもと比べてもしっかりしている子が多いのが見受けられます。父子家庭の子育ては、いい言い方をすると、大らかなので自由な子どもが育つ傾向にあります。すると当然ながら、大きな個性の違いがあるわけです。

わが家もそうでした。小さい頃から厳しく育ててきた私の子どもたちは自立していて、手のかからない子たちでした。継子2人は甘やかされて育てられてきたので、手がかかるし、その違いがストレスになりました。

たとえば、母子家庭で忙しかったわが家では、子どもたちは添い寝をしなくても子ども部屋で寝られる習慣が身についていました。欧米式で、おやすみをしたら子ども部屋で寝てくれたので楽でした。それに比べて、継子は添い寝をしないと眠れない子で、夜中に起きてしまうと隣にパパがいないと泣きながら夫婦の寝室に入って来ました。

幼い子どもなので仕方がないと思いますが、私にとっては実子たちと比べてしまうので、ストレスでした。上の継子も２つ違いの長男に比べると幼くて、思春期になっても親の愛情を強く求めているのを感じ、親離れしない子だと感じストレスが募りました。

まわりの継母さんからも同じような話をよく聞きます。特に同年代や年子など年齢の近い子どもがいる場合には、何かと違いが目についてイライラするようです。自分の子どもが小学校3年生の男の子で、継子が小学校2年生と3年生の男の子２人を持つ継母さんが「同じ男の子でも夫の子どもはとにかくガサツで、衣服や運動靴の汚し方がわが子と違うのでイライラします。継子たちの服や靴はどうしてこんなに汚いのというくらい汚してくるし、長持ちしません」と愚痴っていました。

逆に夫の子どものほうができがよくて、わが子ができが悪いので、夫がイライラしているのを見て、肩身の狭い思いをしているという継母さんもいました。

どちらにしても育ってきた畑が違うので、個性が違うのは当たり前です。ひとつの家族になったのだから同じように育てようとしても、今さら遅いのです。とにかくその個性の違いに慣れることです。区別しましょうと、私はよくアドバイスします。あきらめて気にしない力を身につけて、ストレスにしないように心がけることです。

実子と継子の仲が悪い

子ども同士の関係が悪くなるのは、ずばり親の責任です。子どもは親の気持ちを敏感に察するので、自分の親が継子にストレスを感じていたり苦しめられているのを見ると、親の味方に立って継子を敵対視するようになります。

再婚する前に私の長男は、夫の子どもたちとすぐに打ち解けて仲よくなりました。しかし一緒の生活が始まってから、私が継子たちに手をやいているのを見て、いつの間にか「なんだ、あいつ……」などと言うようになり、継子を嫌うようになりました。

これは私が悪かったなと今でも思い出します。当時は、自分が継子たちとうまくやることに精いっぱいで、そのストレスを息子に悟られないようにする配慮ができなかったのがまずかったと思います。

兄弟仲がうまくいっているというお母さんの話では、実子を中心に褒《ほ》めているとのこと。実子はお母さんに愛されているという自信からか下の弟（継子）の面倒をよく見るようになったし、継子も兄を尊敬して言うことを聞くようになり仲がいいといいます。

再婚したら相手の子どもを最優先に考えてあげなくてはと思うので、どうしても余裕がなくて実子に目が届かなかったというお母さんはとても多いです。そうすると私のように失敗ケースになるので、気をつけたいところです。

あとは血のつながりなどは関係なく、子ども同士にもウマが合うか合わないかがあるので、**それぞれの個性を尊重して、多少仲が悪くても気にしないことと、それぞれの親が子どもの愚痴をなるべく受けとめて味方になってあげることです。**

注意したいのは思春期の異性の子どもの場合です。こんな相談ケースがありました。両方の子どもが異性の同級生で小学校５年生から一緒に暮らすようになったご家族です。子どもたちが中学生になり、それまで仲がよかったので親も思春期の異性の男女であるという注意がなかったため、子どもたちを他のきょうだいと一緒に雑魚寝《ざこね》させたそうです。

その夜、女の子が体を触られたと泣いて訴えたそうで、男の子を問いただしたけれど認めなかったし、それから二人の関係は完全に崩れてしまいました。そしてそれは、ご両親の別居にまでつながりました。

こういったことは起きてしまってからでは取り返しがつかないし、対応のしようがないので、小さい時に仲がよかったからとか、本当のきょうだいと変わらずに育ってきたからと安心しないで、血のつながらない他人であるということを忘れずに注意しておきたいところです。

夫（妻）と継子の関係にやきもちを妬いてしまう

私の元継子は2人とも女の子で、小さい時から父子家庭の生活が長かったからか、父親にベッタリでした。中学生にもなると父親と口もきかなくなる子が多いのに、上の継子はまったく親離れできない反抗期で、父親にわかってほしいという思いが強い子でした。

家族間にいざこざがあった時、「私が誰よりもいちばん長くパパと暮らしてきたんだから、パパのことは私がいちばんわかっている」と言ったひとことが忘れられません。下の継子も4歳の頃から「パパはね、私のことがいちばん好きだって言ってたよ」「大きくなったらパパと結婚するの」と私に言ったりするので、小さくても女の嫉妬心《しっとしん》のような気持ちを感じて疎《うと》ましく思うこともたびたびでした。

それで、女の子の継子は嫌だなと私は思いました。継子たちが見せるファザコンぶりに嫌悪感をいだきました。子ども相手に大人げないと思われるかもしれませんが、これは経験しないと理解できない、継親ならではの嫉妬心だと思います。実親子間の深い関係に継親は決して入っていけないので、取り残されたような孤独感を感じることがあります。

でも、わが家は夫が過剰に娘たちを溺愛《できあい》する態度を見せていたわけではないのでよかったと思います。まわりの継母さんから聞く話では、小学生の娘と夫が口と口でキスをするとか、ハグするなどが日常茶飯事だそうで、話を聞いただけでも気分が悪くなりました。夫のフェイスブックの投稿が継娘の写真と自慢話ばかりで、ストレスが溜まると言っていた継母さんもいました。妻が息子に甘すぎて、息子が男の子のくせにメソメソ甘えてばかりいるので、見ているだけでイライラするという継父さんもいました。特に同性の継子に感じやすい嫉妬感情です。

実親にしてみれば親子の必要なスキンシップだと思っているので、継親の気持ちなんかわかってくれないし、やめてほしいとお願いしても逆切れされたり開き直られたりして、夫婦喧嘩になります。それでも我慢するのはよくないと思うので、せめて自分の目につくところでは控えてほしいと伝えてみてください。**素直に嫉妬心だと認めて伝えれば、夫（妻）の心に響くでしょう。**

こういった嫉妬心を持つのも、結婚から4年目くらいまでです。夫婦の愛情も時とともに変化するので、愛情が情に変わり家族愛になる頃には、夫が継子を溺愛する姿などまったく気にならなくなります。いつまでも続くストレスだとは思わずに、上手にその時期を乗り越えることです。

思春期で反抗期の継子が苦手

継子じゃなくても思春期の子どもは魔物です。私は2人の実子と1人の継子の思春期の子育てを経験していますが、この時期は実子、継子に関係なくたいへんでした。思春期の反抗期は中学1年生くらいから高校3年生くらいまで6年間ほど続きました。言うことを聞かない、反抗的な態度が続く、自分ひとりで大きくなったような顔をして、自己責任もとれないのに悪いことをするなど、それぞれに本当に心配が続いた6年間でした。

私は実子の思春期を先に経験していたので、そのあと訪れた継子の思春期については覚悟もできていて、楽に乗り切ることができました。

しかし、再婚した時に継子が思春期真っ最中だったり、はじめての子育てで継子の思春期に直面したりすると、子連れ再婚という境遇が子どもの反抗や悪い行動につながってしまったのではないかと、親は家庭環境のせいだと思い落ちこみます。

再婚家庭だから思春期の子どもが問題を起こすと悩んでいる親がたくさんいますが、声を大にしてそうじゃないよと伝えたいと思います。自分の思春期を思い出してみてください。思春期は子どもから大人へ心身ともに成長の時期です。自分自身に目を向けるようになり、親離れをはじめ、これまでとは違った価値観を身につけようとします。「自分とは何か？」「自分は何をしたいのか？」と自分探しを始めていく時期でもあります。

親が細かく指図したり、先走って心配してお節介《せっかい》したりすると嫌がります。それより客観的な情報を提供し、自己決定の手助けをするのがこの時期の親の役割です。そう接することで子どもは自ら価値観をつくりだしていけるし、反発しながらも親の心の痛みもわかるやさしさを身につけて成長していくと思います。

①親の言うことは素直に聞けない。②注意しても無視するくせに都合のいい話は機嫌《きげん》よく話しかけてくる（何かを買ってもらいたい時など）。③部屋が汚い、掃除、ごみ捨ては親がするものだと思っている。④興味本位で飲酒・喫煙をすることもある。⑤食べ終わった弁当箱を２～３日出さない、洗わない。⑥門限を破ったり無断外泊をする。

ざっと挙げただけでも、わが家の思春期の子どもたちの共通の特徴でした。

とにかく再婚家庭だから問題が起きると思わないこと。思春期の子育てはどこの親も同じように覚悟して乗り越えなくてはならない問題です。思春期の特徴を知り、こんなもんだとあきらめておおらかに構える。思春期の継子とは距離を置いて友だちのようにつきあうのが乗り越えるコツです。

継子の食事やお弁当づくりがストレス

仕事が終わって疲れて家に帰った途端、継子たちから「今日のごはん、なーに?」と聞かれてイラッとした気分になっていました。わが子に聞かれても頭にこないのに、継子に聞かれると「君たちの飯炊きババアじゃないんだから、ごはんのことばかり聞くな!」と思って怒っていました。「今日はお魚! 明日もお魚」と、継子が魚嫌いだったので、わざと意地悪に答えたりしていました。

この話を以前ブログに書いたら、多くの継母さんから共感が寄せられました。継子のごはんをつくらなければいけない義務はないのに、なぜ毎日のように催促されなきゃいけないんだという継母さんたちの反発心は、私が感じていたストレスと一緒でした。子どもからしたら何気ない生活の中のひとことだと思うし、つくるごはんを楽しみにしてくれているのに、イラつくのは大人げないと思いながらもイラついてしまいます。

同様にお弁当づくりも同じ気持ちになります。「部活動のお弁当が大きなタッパーにごはんとおかずが別々に2つ……そんなお弁当を毎日つくらなくてはならない生活になって本当につらいです」と愚痴る継母さんもいました。

私も毎日ではありませんが、遠足や運動会などの行事では継子のためにお弁当をつくらなくてはならないことも多かったです。食事づくりと同様に前向きにつくる気にはなれませんでした。そこでどうにか楽しんでつくりたいと思って思いついたのがキャラ弁づくりでした。

わが子のお弁当づくりでもキャラ弁づくりなんてしたことがなかったので、工夫しながらキャラ弁をつくるのが新鮮で楽しくなりました。また、つくったキャラ弁をブログに載せると「いいお母さんですね」と褒められるので、前向きな気分になりました。

さらに継子はキャラ弁を先生や友だちから褒められるらしく、ご機嫌で帰宅して「次はキティちゃんをつくって〜」などとリクエストしてくるのですが、それは無視して自分がつくりたいキャラ弁を楽しみながらつくりつづけました。始めたばかりの頃は不器用で思わず笑ってしまうキャラ弁でしたが、続けているとだんだん上手になって褒められるのが嬉しくて、お弁当づくりも苦ではなくなりました。

毎日の食事づくりも、継子のためだとは思わずに、基本、自分が食べたいものを中心につくっていたので、わが家ではカレーも辛口でした。継子には辛口カレーに卵やはちみつをかけて食べさせていました。継子のためだと思うと食事づくりも、お弁当づくりも億劫《おっくう》になりますが、こうして自分のために楽しむ方法を考えて前向きにこなしましょう。

子ども部屋で悪口日記を見つけてしまった

継母さんたちとの愚痴り合いでたまに話題に上るのが、「継子が書いているデスノート」についてです。それは偶然、部屋を掃除していた時に見つけてしまった悪口がいっぱい詰まった日記帳のようなものです。そこに書いてあるのは、親の再婚への愚痴や新しい家族の生活への不満、そして継親に対する愚痴や悪口です。このデスノートを見つけるのは思春期の女の子を持つ親御さんに多いようです。

「再婚なんか認めない」「くそババア」「あんな奴、死ねばいいのに」など、愚痴や悪口を吐きだすための日記帳、イラストで絵日記にして怒りをぶつけていることもあります。見つけてしまった時の気分は本当にショックだし、怒り心頭に発するといいます。

私も継子の部屋からデスノートを見つけたことがあります。でも、わが家の場合は夫が子どもたちに厳しかったので、私に対する悪口ではなく夫に対する悪口がたくさん書いてありました。「パパなんか死んでしまえばいいのに」「くそ、ジジイ、うざいんだよ」という文字を読んだ時にはつい笑ってしまいましたが、自分のことが書かれていたら気分のいいものではないんだろうなと思いました。

子どもたちは自分には口出しできないところで、勝手に自分の生活が大きく変えられてしまったことに対する不満を抱えています。吐きだす場がなくて、デスノートを書く子どもがいます。ノートではなくＳＮＳやブログなどに継親の悪口を書く子どももいます。

そんな悪口日記を見つけてしまった時には、大人は傷つきショックを受け、次に怒りがこみあげてくると思いますが、子どもの行動に理解を示すことが大切です。

子どもは不満な気持ちを無理に抑えたりしないで、あるがままに吐きだすことが大切です。**書くことで子どものうっぷんが晴れ、すっきりして家族を困らせるような行動をとらなくなるのならデスノートも大切です。**怒りから湧《わ》き上がる心と体のエネルギーを問題のない方法で発散しようとして、子どもなりに頑張っているのです。

子ども部屋でデスノートを見つけてしまったら、それをネタにして笑い飛ばすくらいの余裕を持ってください。とにかく騒ぎ立てたり、子どもを責めたりするようなことは避けて、よくあることだと思ってあきらめましょう。

ただし、日記の中に具体的に子どもがストレスを溜めているようなことが書いてあって、すぐにでも解決ができるようなことなら、それは家族の問題として話し合って早めに解決しておいたほうがいいでしょう。

継子が赤ちゃん返りした

子連れ再婚家族にセメントベビー（104ページ参照）が生まれて、継子が赤ちゃん返りしたという話はよく聞きます。以前に書籍を書くためにとったアンケートに「セメントベビーが生まれたばかりの時に、11歳の継子が『私にもおっぱいを飲ませてほしい』と言うので、直接母乳を飲ませるのは嫌で、仕方なくコップに入れて飲ませた」という投稿がありました。

私が取材で出会った継母さんからも同じようなお話を聞きました。結婚3年目にセメントベビーが生まれた時に、母乳を与えているのを見て4歳の継子が「僕にもおっぱいを飲ませて」とせがむので仕方なく飲ませたそうです。その後、たびたびねだるようになって、だんだん気持ち悪くなってストレスになってしまったと。夫から継子とセメントベビーを差別しないで育ててほしいと言われていたので、断ることができなかったといいます。

その子は母乳だけではなくハイハイをしたり、赤ちゃん言葉を使うなどの赤ちゃん返りをするようにもなってしまい、彼女はストレスが蓄積して「この子さえいなければ」と思ってしまうようになったといいます。そこまでして頑張ったのに、継子が大きくなってから覚えているか聞いてみたら、覚えていなかったそうです。「今思えば、そこまでして頑張ったという自己満足かもしれませんね」と彼女は言っていました。

赤ちゃん返りの原因は、「もっと愛情を注《そそ》いでほしい」という気持ちの表れだといわれています。新しいお母さんにやっと慣れた頃に赤ちゃんが生まれ、自分を見てほしい、構ってほしい、かわいがってほしい、という気持ちが強くなります。そのために、それまでできていたことをやらなくなったり、激しいワガママや自己主張をして、親に強制的に手をかけさせる行動に出ます。**継子の赤ちゃん返りは、愛情や関心を求めるための行動で、いわば成長の証《あかし》であり、継母を素直に求めているという健全な発達過程です。**

くれぐれも頑張りすぎてストレスにならないように、できる範囲で応えてあげればいいと思います。どうしても嫌なことは「それは無理なんだよ」って断っていいのです。

頭ごなしに「お姉ちゃん（お兄ちゃん）になったんだから」と叱りつけたりすると逆効果です。赤ちゃんに一緒に向き合えるように「赤ちゃんはあなたのことが大好きなんだよ」と伝えてあげたり、ちょっとしたことにも「よく頑張ったね」と声をかけてあげると、今の自分を認めてもらったという気になり、気持ちが落ち着きやすいようです。

下の子の子育てで手いっぱいになって、なかなか余裕を持って対応できないと思います。夫やまわりに助けを求め、家事などできるところは助けてもらうことも大切です。

継子も親を見て育つ

私は途中で継娘2人のしつけをあきらめたと書きましたが、大きくなって家を出てひとり暮らしを始めた継娘がSNSに掲載していた部屋の様子を見ると、とてもきれいに暮らしています。

同様にわが子2人もわが家にいた時には片づけができずに、散らかしてばかりいましたが成人してひとり暮らしを始めるようになったら、びっくりするくらいきれいに暮らしています。

ある時、長女に「ウチにいる時には掃除しなかったのに、なんでやるようになったの?」と聞いたら、「ウチにはママがいて、家事はママの仕事だと思っていたからやりたくなかった」と。それを聞いて納得しました。

私も自分がひとり暮らしを始めた時に、掃除しないとトイレって汚れるんだなと実感し、これまで母親がいつも掃除してくれていたことに改めて感謝したことがありました。

娘も継娘もそうですが、私が毎日きれいに掃除した環境で育ってきているので、汚い環境で生活することはもはや選択できなくなっています。だからやってくれる人がいないと自分でやらないと理想の生活環境は得られないので、必然的に掃除をするようになったようです。

これは、料理に関しても同じだなと感じています。特に私は料理を教えることはなかったけれど、料理をまめにする母親のもとで育つと、子どもも大人になって料理をするようになります。

わが家は長男もひとり暮らしを始めて、自分で料理をつくっているようです。

そう考えると、実子も継子も親の背中を見て育っています。無理に片づけをするようにしつけたり、料理ができるようにと教えたりしなくても、**親がやっている姿をちゃんと見せるだけで十分**なんだと思います。

どうしても将来、恥ずかしくないようになどと考えて、しっかり教えなくてはと思い、口うるさく言っては反抗されて、ストレスを感じていることが多いと思いますが、親がやっている姿を見せるだけでも十分なのです。

継子に触られたくないもの

子どもが親の私物を勝手に持ちだし使っていることはよくあることですが、わが子にされたら頭にこないのに、継子に同じことをされると無性に腹が立ちます。これはおそらく他人に対する縄張《なわば》り意識のひとつなのだと思います。

私のコレクションはスワロフスキーのクリスタルの人形です。キラキラした人形たちは継子にとって魅力的だったようで再婚当初、気がつくと何かがなくなっていることがよくありました。

そして継子のおもちゃ箱を探すと、リカちゃんハウスの中からなくなったクリスタルの人形が出てきました。私はそのたびに腹を立てて、二度と同じことをしないでほしいと継子を叱るのですが、またすぐに忘れて勝手に持ちだされていることが続きました。

またある時は、お気に入りの指輪が部屋からなくなりました。証拠がないので何とも言えませんが、それも継子がどこかに持ちだしたのだと思います。

同じような話は継母さんたちからよく聞きます。アクセサリーだったり化粧品だったり、物はさまざまですが、みんな一様に、自分のものを勝手に持ちだして使っていたことに対して許せないといったストレスです。

たまに、子どもが親の財布からお金を抜いたという話を聞くことがあります。わが家でも、私が部屋に置いていた５００円玉貯金箱をあけられて中身を持ちだされたことがありました。そんな時、大人は泥棒だと騒ぎますが、子どもにとっては家のものや親のものに対する罪悪感《ざいあくかん》はさほど高くありません。ちょっと使ってしまおうという程度の感覚です。**抜かれるような場所に財布を置きっぱなしにした大人が悪い**のです。

わが家の貯金箱も子どもが簡単に手に取れる棚の上に置いてあったので、そんな場所に置いていた私が悪いと思いました。

私は継子に大切な人形を勝手に持ちだされないように、コレクションケースを鍵《かぎ》つきのものに変えました。その後、人形は持ちだされなくなったのですが、私の部屋にあるものがいろいろ持ちだされていたので、ついには部屋に鍵をつけ、出かける時には鍵をかけるようにしました。

鍵までつけなくてもと思われるかもしれませんが、勝手に持ちだすほうが悪いのではなく、持ちだせる環境をつくっている大人が悪いのです。**持ちだされてイライラするくらいなら、持ちだせない環境をちゃんとつくって、ストレスを未然に防ぐ**ことをおすすめします。

母子手帳がストレス

再婚したパートナーの子どもが乳幼児だと必ずついてくる母子健康手帳。母子手帳と呼ばれるものです。子どもの実母の出産の記録から妊娠中の健康の記録、子どもの健診や予防接種の記録が記載されています。乳幼児健診、予防接種、病院に行く時などに持参するものです。継母さんにとっては、この母子健康手帳がストレスになっています。

私も再婚した時には継子が2歳になったばかりだったので、当然、母子健康手帳を見ることになりました。元嫁の出産の記録はもちろんのこと、子どもの健診に合わせて書いてある彼女の筆跡のコメントなども目にすることになり、とても嫌な思いをしました。

他に男をつくって出て行った母親だという話を夫から聞いていたので、子どもを捨てて出て行った母親に対する嫌悪感、そんな彼女が書き残した文字に対して、いい気分がするわけもなく、とにかく母子健康手帳は見るのも携帯するのも嫌でした。

また、母親欄の名前の書き直しをしたのですが、実の母親の名前を傍線で消して、自分の名前を書くのにも違和感がありました。でも書き換えないと、病院で母親の名前を呼ばれることがあったので、仕方なく傍線を引き書き換えました。私が経験したように、母子健康手帳に関するストレスは他の継母さんたちからもよく聞く話です。

私の知人の継母さんは、子ども２人の母子手帳を見るのが本当に嫌で、再発行してもらったといいます。紛失してしまったと嘘《うそ》をついて、新しい手帳をもらってきて、引き継ぎが必要な記録だけ、夫に書き写してもらったそうです。夫に書き写してもらったというのもとてもいい対策だなと思いました。

妊娠中の経過、乳幼児期の健康診断の記録、予防接種の記録、乳幼児身体発育曲線などが省令様式となっているので、この部分だけ書き写せばいいのではないかと思います。

厚生労働省のホームページの母子健康手帳の交付に関する記載を読むと、「母子健康手帳が激しく破損したり、紛失したりしたときには、再交付できる」と書いてあるので、新しい手帳をもらうことができるはずです。

なくしたと嘘をつかないともらえないというのが現状ですが、再婚して書き換えたい人が増えているので近い将来はきっと、再婚した場合にも新しい手帳がもらえるようになるのではないかと期待しています。さらに希望をいうと、再婚家族のための母子健康手帳が考案されるといいのになと思います。

それから、**母子健康手帳には再婚家族であることを記載しておいたほうが健診などでも嫌な思いをしないですむ**と思うのでおすすめです。

2分の1成人式が苦痛

継親さんの多くが口を揃えて嫌だという「2分の1成人式」。2分の1成人式は、成人の2分の1の年齢である10歳を迎えたことを記念しておこなわれる行事です。文部科学省が定めている学習指導要領にこの行事の記載はありませんが、課外活動の一環としておこなわれている学校が多いのが現状です。ハーフ成人式とも呼ばれています。

小学校4年生を対象に「2分の1成人証書」の授与、両親への感謝の手紙などのセレモニーがおこなわれています。現在では小学校の半数ほどが実施しているようです。家庭によっては生い立ちを振り返る行為自体が苦痛をともなうという反対意見があるように、まさしく子連れ再婚家族にとっては苦痛の行事なのです。

どう苦痛かというと、生い立ちを振り返る宿題を事前に子どもが持ち帰ってきます。生まれた時の写真の提出だったり、生まれた頃のエピソードや成長の記録などを求められます。実の親子関係であれば、それを親子で楽しく振り返ることができるのですが、途中から親の役割を担《にな》っている継親にとっては、それができないだけではなく、実の親との思い出を思い知らされるきっかけにもなるので触れたくないところです。

子どもにとっても過去の悲しい別れを思いだす場合もあるので、どちらを考えても子連れ再婚家族にとってはいいセレモニーとはいいがたいです。小学校4年生を持つ継母さんや、目前にした継母さんから「2分の1成人式なんてなければいいのに」とそのストレスをよく聞かされます。

私の知人の継母さんは、学校の先生あてに2分の1成人式の廃止要望を手紙に書いたと言っていました。家族が多様化しているので2分の1成人式を喜べないご家庭もあることに配慮してほしいと伝えたそうです。そういった声を伝えるのも今後のためには必要だと思いますが、勇気がない人はひたすら我慢してストレスを溜めてしまっています。

解決方法は簡単です。実の親にやってもらえばいいだけのことです。継親が代わりにやろうと頑張るのでストレスになるのです。わが家では自分の子どもは自分で面倒を見るというルールがあったので事前の宿題もパパと娘が2人でやって、2分の1成人式当日も私は学校には行きませんでした。

でも宿題をやっている時の、2人の楽しそうな様子には嫉妬を感じて嫌な気分はしましたが、それはしょうがないと割り切るしかありません。わが子のことを最優先にできない親はダメだと思うので、忙しくてもここは何がなんでも実親にやってもらいましょう。

継母神話に負けないで

「継母《ままはは》という言葉を使ってもいいんですか？」とよくまわりの人から聞かれます。ネガティブなイメージが強いので差別用語だと思っている人がいるようです。

なぜかというと、童話の中の継母はみんな意地悪だからです。代表的なのは「シンデレラ」「白雪姫」「ヘンゼルとグレーテル」です。物語の中の継母はみんな意地悪で、そのせいで世の中のイメージは「継母とは意地悪である」となってしまっています。

シンデレラも白雪姫もヘンゼルとグレーテルも、後妻に入り子どもの素行の悪さを目の当たりにした継母が「なんとか恥ずかしくないように育てたい」と強く思い、ついついしつけが厳しくなって、報われないまま悪者にされてしまったのではないかと私は思うことにしています。

現実のシンデレラストーリーは、2人の子どもを連れて子連れ再婚した継母は、シンデレラに出会った時にはきっとうまくやれるはずだと思って再婚しました。しかしシンデレラと一緒に生活することになって、自分の2人の子どもと同年代のシンデレラが年相応のことができないことにびっくりします。父子家庭で甘やかされて育てられてきたので、自分の身のまわりのことすら十分にできませんでした。継母はシンデレラのことを思って厳しくしつけを始めました。

ねずみがシンデレラにつくってくれたドレスは、2人のお姉さんの部屋から勝手に持ちだされたお洋服やアクセサリーでつくられたものでした。それを見た2人のお姉さんたちが怒らないわけはありません。泥棒だと言われて、その罰として舞踏会に連れて行ってもらえないのも仕方がないことです。ところがシンデレラは終わっていない掃除もほったらかしのまま、魔法使いが用意してくれたカボチャの馬車に乗って舞踏会に出かけます。そして、まんまと王子様のハートを射止めて結婚することになりました。

家事もできないシンデレラを王子様のところに嫁がせる心配とは裏腹に、ストレスからやっと解放される安堵感《あんどかん》もあって、シンデレラの継母の気持ちは複雑だったのではないでしょうか。

実生活の中の継母さんは本当に頑張っています。**他人の子どもを育てるという苦労は並大抵のことではないし、誰もができることでもありません。**だから私が本当の継母神話を贈ります。最近は少しずつですが、頑張る継母をテーマにしたテレビドラマなども始まっています。**古い継母神話に負けないで頑張りましょう。**

性の問題への配慮

以前、子連れ再婚家族で育った女性の取材をしたことがありました。彼女から聞いた体験談はつらいものでした。

母子家庭として暮らしていた2Kのアパートに、毎週水曜日になると母の恋人がやってきました。小学校の低学年くらいのある日、彼女は母と継父の情交を見てしまったといいます。それからたびたび、情交を目の当たりにします。子どもだと思って無防備に開けられたドアから見える光景に、彼女は寝たふりをするしかなかったといいます。

そんな光景を何度か目にするたびに、彼女は自分が汚れているような気持ちになり、嫌悪感が募ったそうです。それがのちに自分を否定する心理につながり、自信を持てずに生きてきた根源になってしまったそうです。

子連れ再婚家族は初婚の家族とは違い、子どもにとっては性的な刺激にふれやすい環境にあります。小さな時から仲のよい夫婦の関係を見てきた子どもであれば、実の親だしそれが日常のことなので何にも感じないかもしれませんが、ある日、突然やってきた大人が、自分の親と目の前で愛情表現をしはじめたら刺激にならないはずはありません。

両親が離婚をしてひとり親家庭になった経験を持つ子どもの場合には特に、実の両親の冷めた夫婦関係を見てきているので、再婚後の仲のよい夫婦関係に違和感を覚えることでしょう。

子連れ再婚の場合には、恋愛中から二人だけの甘い時間をつくることがむずかしいため、ついつい再婚生活でハネムーン気分になるのもわかりますが、子どもの目にどう映るのかを常に意識して、クールダウンする必要があります。ハネムーン気分は二人きりの時だけにして、**子どもに過剰に恋愛モードを見せつけないようにしなければなりません。**

特に思春期の子どもについては継母、継父でさえも性の妄想《もうそう》の対象になりうることを忘れずに、子どもだからといってタカをくくらないで注意してください。

また、親の再婚で思春期の異性の子ども同士が一緒に暮らしはじめることになる場合にも要注意です。**もともと他人だった義理のきょうだい同士は性の対象になることを忘れずに注意して見守ってください。**たとえば、わが家では女の子がお風呂場に生理用品などを平気で置いたままにしていたので、夫や息子の目に触れた時にどんな思いをするのかの配慮をしなさいと、２人の実子と継子にはよく注意していました。

まだまだ子どもだと思わずに、共同生活のルールとして教えていくべきことがあります。

継子がなかなか心を開いてくれない

カウンセリングのクライアントの方で、死別の父子家庭と再婚した女性がいました。彼女の継子は母親を亡くしたあとに祖母に育てられていましたが、祖母が急死してしまって家族の面倒を見る人がいなくなったため、急に迫られて再婚することになりました。

独身だった彼女はいきなり小学校5年生の女の子の継母になることになり、とまどいましたが、最初は継子も彼女が家族になってくれることを喜んでいたので、力になれるならと思い決意したそうです。

ところが同居してから、継子が彼女のことを無視するようになりました。祖母を亡くした喪失感とお父さんをとられてしまうという嫉妬心や焦《あせ》りからだと思うのですが、彼女と口をきかないばかりか、夫と彼女が仲よく話をしていると「うるさい」と言ったりするようになったそうです。夫もわが子を不憫《ふびん》に思っているから厳しく咎めることもなく、そんな状況に疲れてしまって、彼女はカウンセリングに訪れました。

カウンセリングの中で彼女が決めた実行プランは、無視されても挨拶しつづけることでした。挨拶はもちろん、学校から帰ってきた継子に「お帰りなさい。おやつあるからね」

と毎日言いつづけました。

彼女がカウンセリングに訪れてから7年が経過しました。たまに近況をお聞きする機会があるのですが、現在は無視されていたのが嘘のようにいい関係を築いています。挨拶はもちろんのこと、拒否されていた継子の授業参観などにも行けるようになったとのこと。

「当時は本当につらかったです。でも白い壁に話しかけているつもりで、無視されるのが当たり前だと思って挨拶しつづけました。話しかけるのも返事がないのが当たり前だと、ひとりごとだと思うようにしていました」と彼女は言います。

無視されても挨拶を続けていたら、少しずつ継子も挨拶するようになって、話しかけると「うん」「そう」と短い言葉で返事するようになり、徐々に距離感が縮まったといいます。子どもだって、挨拶もしないで人を無視しつづけるのがいいことだとは決して思っていません。

あきらめないで頑張れば、きっと心を開いてくれる日はやってきます。彼女がすごかったのは、頑張ることが自分のためだということにちゃんと気がついていたことです。

「なぜあんな継子のために頑張らなくちゃいけないんですか？」とカウンセリングで聞かれることがありますが、それが**自分の幸せのためだということに気づいてください。**

第3章　家族の問題で悩んだら

生活習慣の違いに直面

2つの家族が一緒になって新しい生活が始まると必ず直面するのが、生活習慣の違いです。夫婦二人だけでも違いはありますが、夫婦だけなら次第に慣れていくし、時間や余裕もあるので相手に合わせるのも苦痛ではありません。

子連れ再婚家族は大人と子どもと、数人が一緒に生活することになるので、その倍以上に生活習慣の違いを感じ、それまで自分の習慣が正しいと信じこんできたのに、それを否定するかのような振る舞いを四六時中、目の前で見せつけられるのでストレスになります。

たとえば、目玉焼きに醤油《しょうゆ》をかけるかソースをかけるか、朝ごはんはパンかごはんか、お風呂に入ってバスタオルを1人1枚使う家もあれば、全員で1枚を使いまわす家もあります。朝起きてごはんの前に歯をみがく家もあれば、ごはんのあとでみがく家もあります。家の中でスリッパを履《は》く履かないなど、細かいことを言ったらキリがないくらい生活習慣の違いはあるのです。

私も再婚したばかりの時にストレスだったことがいくつかありました。なかでも部屋の片づけについての習慣があまりにも違っていて、イライラすることが多かったのを覚えています。掃除や片づけが好きな私と、片づけができない夫家族の違いを目の当たりにしました。片づけても片づけても散らかされて、散らかっていても平気で生活している新しい家族に本当にイライラしました。

このイライラの解決方法として私が決めたのは、自分の部屋は自分で責任を持って片づけることと、掃除は私の担当ではないと割り切ることでした。週に1回の家事サービスを頼み、掃除機をかけてもらいたかったら、せめて床が見える状態に部屋を片づけておくことをルールにしました。私は夫と継子《ままこ》の部屋は一切掃除をしないと決めて、できるだけ見ない、散らかっていても気にしないようにしました。

自分とは違った生活習慣に柔軟に対応することを心がけましょう。**自分の「〜すべき」にあてはめないで、新しい家族のルールをつくることを目指しましょう。**どちらかに無理やり合わせようとしたり、足並みを揃えようとしなくていいのです。

最初は2つの生活習慣があってもいいと思います。生活するうえで効率が悪く、ひとつにしたほうがいいようなことは、みんなで話し合って納得するような新しいルールづくりをして、それに全員が慣れていくようにすればいいのです。

増える家事の負担がストレスに

私が再婚した時にいちばん最初に面食らったのは、ものすごい量に増えた洗濯物でした。再婚前の生活では母子家庭もゴールにさしかかっていて、長女は高校生で自分の洗濯は自分でしていたし、息子と2人分の洗濯物はあっという間に片づく量でした。

ところが夫家族が引っ越してきて、3人分の洗濯物が増えました。下の継子はまだおむつがとれていない2歳児だったので、保育園から毎日持ち帰る洗濯物もすごくて、日によっては1日1回の洗濯では終わらずに、2回以上洗濯機を回さないといけないこともありました。

毎朝、大量の洗濯をして疲れて仕事から帰宅したらとりこんで、その洗濯物の山を見てため息をついていた思い出があります。

私は片づけをちゃんとしないと納得できない性格なので、とりこんだ洗濯物の山はその日のうちに片づけたかったし、自分の仕事を少しセーブしてでも家事をしっかりやろうと思っていた時期がありました。

増えたのは洗濯物だけではなく、掃除や食事づくりはもちろんのこと継子の保育園の送り迎えもしていたので、本当に手が回らない状態でした。ところが家族は、そんな私を手伝おうともしなかったので、私のストレスは徐々に募《つの》り、いつしか仕事が終わっても家に帰りたくない気持ちが続くようになりました。

このままでは鬱《うつ》状態になってしまうかもしれないと思った私は、どうにかしなくてはいけないと思い、**思いついたのが家事のアウトソーシング**でした。片づけができない家族の部屋の掃除について、週に1回の家事サービスを頼みました。

また、洗濯物に関してはその日のうちに洗濯物の山を片づけるのをあきらめて、たたまないままカゴに入れて部屋の隅《すみ》に置いておくことにしました。家族は気にもせずその中から自分の衣服を引っ張りだして着ているので、無理して片づけようとしなくてもいいんだなと思えるようになりました。

食材の買い物の手間をなくすために宅配サービスで買い物をしたり、冷凍食品を増やしてすぐに調理できるようにするなどの工夫もしました。

私のようにどうしても最初はちゃんとやろうと頑張りすぎて、疲れてしまう人が多いようなので、**家事は完璧を求めずに手抜きをして乗り越える**ことです。可能なら上手にアウトソーシングするのも手だと思います。

していいことと悪いことのルールづくり

実の親子関係でつくられている家族の場合には、赤ちゃんの時から子どもにたっぷりと愛情を注《そそ》ぎこみ、徐々に大きくなって行動範囲が広がってくるとともに、してはいけないことを教えていきます。そうして子どもは何をしたら危ないのか、何をしたら他人に迷惑をかけてしまうのかなどをゆっくりと時間をかけて学んでいきます。

しかし、子連れ再婚の場合にはそんな余裕がありません。子どもたちはある程度育っていて、それまでに育《はぐく》まれたルールがあり、新しい親が違ったことを教えたりすると反抗したり、わざと家の中を引っかき回したりして、下手をすれば家の中が大混乱になります。

家族になって日が浅いので、そこには子どもに言うことを聞かせたり決まりを守らせたりする信頼や絆《きずな》がないからです。新しい親が注意をしたところで、子どもは素直にしたがうわけはありません。「実の親でもないくせに」と思っています。

しっかりと愛情を注ぎ、信頼関係を築いてから決まりを守らせることが子どもにしつけをするうえでのポイントですが、子連れ再婚家族の初期の段階でこれをするのはとてもむずかしいことです。

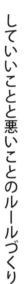

まず最初に考えてほしいのは、夫婦のしつけの価値観をしっかりと話し合い、合わせることです。特に両方に子どもがいる場合には、していいことと悪いことのルールを合わせなければいけません。あちらの子どもは許されるのに、こちらの子どもは許されないというわけにはいかないからです。

夫婦で話をする時には子どもの前ですることは避けて、夫婦だけでしっかりと決めたあとに、子どもにルールを言い渡す役割はそれぞれ実親が責任を持ってやりましょう。実の親から言われたことなら子どもは素直に聞けます。

子どもが新しい親の言うことを素直に聞けるようになるまで1〜2年はかかります。その間は、お互いが親としての権限を持ち、わが子に責任を持ってしつけを担《にな》うことです。「再婚したんだから子どものしつけは君に任《まか》せたよ」などと口にする人がいるようですが、最初からそう簡単にはいかないことを認識してください。

また子どもがルールを守らなかった時には、その場に実親がいない時には継親《ままおや》が注意をすることもあると思いますが、必ずそのあとに実親からそのことについて子どもに話をしてもらうようにしましょう。

継親に言われたことは最初のうちは素直に聞かないどころか反発心を持って聞いていたりするので、繰り返しになりますが実親から伝えてもらうことが大切です。

再婚家族だとカミングアウトしづらい

今から20年前、私が母子家庭の支援を始めたばかりの頃は「私、母子家庭です」とはまわりに言いづらく、事実を隠して生きている人のほうが多かったです。

今は「私、シングルマザーです」と堂々とカミングアウトできる時代になっています。離婚が増えていて、ひとり親も珍しくなく、その苦労は理解されているし立場が認知されているからでしょう。

では子連れ再婚家族についてはどうでしょうか？　以前に子連れ再婚の100家族にアンケートをとったことがありますが「カミングアウトしている」と答えた家族は、たったの37パーセントでした。半数以上が「特には公言していない」と答えています。「なぜしないのか？」という問いに対しては「いろいろ聞かれるのが面倒だから」「偏見の目で見られるのが嫌《いや》だから」とのことでした。

まわりの理解のない反応に晒《さら》されるのが怖いから、カミングアウトしづらいようです。

再婚家族は一見するとふつうの家族と変わらないように見えるので、あえて言わずに生活する人が多いようですが、**言わないのでなおさら世の中の理解が進まないのが問題だと**

私は思います。だから私は、勇気を出してカミングアウトしてほしいと思っています。

たしかに「ウチは再婚家族だから、この子は私の子じゃないんです」と言うと、相手は何か悪いことを聞いてしまったような空気になったりします。ある時はそんな空気を取りつくろうかのように「でも、お子さん懐《なつ》いてよかったですね……」と言われ、違和感を覚えた経験があります。おそらく、どう声をかけたらいいのかわからなかったのでしょう。

息子が中学の時の役員会で「ずいぶん兄妹の年齢が離れているんですね」と言われたので、「ウチ再婚なので、下の子は夫の子なんですよ」と公言したら、「実はウチも再婚なんですよ」と言ってくれたお母さんがいて、仲よくなりました。言ってみるとたしかにまわりの反応に嫌な思いをすることもありますが、こうして仲間に出会えることもあります。

私の身近にいる継母さんもカミングアウトすることで、先生や子どもの友だちの親が彼女の苦労を理解しようとしてくれて「たいへんでしょ？　頑張ってるよね！」と声をかけてくれたり、「何かお手伝いしましょうか？」と言ってくれたりするので助かっていると言っていました。


勇気を出してカミングアウトすると、いいこともたくさんあります。

住んでいる地域や環境などでカミングアウトしづらい人もいるかと思いますが、勇気を出して少しずつでも伝えていけるといいのではないでしょうか？

セメントベビーの存在

子連れ再婚家族に生まれる夫婦の間の実子をセメントベビーと呼びます。家族の絆をゆっくりとセメントのように固めてくれる役割を担ってほしいと、アメリカのステップファミリー支援協会でつけられたネーミングです。

日本ではセメントというと「コンクリート殺人」などを連想してしまうので、ゾッとするという人が多いようで、かなり冷たいイメージを持つようです。私もはじめて聞いた時には嫌だなと思いましたが、だんだん慣れてきて、今では仲間内で会話をする時には、「セメントちゃんいるの?」とふつうに使っています。

セメントベビーが家族の絆を固めてくれるといわれるのは、新しく生まれてくる赤ちゃんを介して家族が子育ての楽しみを共有したり、協力したり、会話が増えたりするからです。家族みんなが協力してセメントベビーの子育てと向き合えれば、家族を結束させる役割を果たしますが、そうじゃない場合もあります。

以前に取材させてもらった家族の話です。妻の連れ子が2人いて、のちにセメントベビーが2人生まれ、子ども4人の家族になりました。子どもの成長とともに、夫が実子ばかりをかわいがるようになり、それが上の子どもたちに伝わるので、連れ子２人はだんだん夫に近づかなくなってしまったそうです。

夫も帰宅してセメントちゃん２人がリビングにいると、「レギュラーメンバーだな」などと別室にいる上の子どもたちに聞こえるように言うので、妻は気分が悪く、２人の連れ子に対して申しわけない気持ちで、再婚を悔《く》やんでいるとのことでした。

同様にセメントベビーが生まれてから夫がその子ばかりを溺愛《できあい》するので、わが子がかわいそうと思うあまりに、自分の子どもでありながらセメントベビーを愛せなくなったという相談もあります。

また、初婚で継母《ままはは》になったお母さんから、セメントベビーが生まれてから明らかに継子とセメントベビーへの愛情の違いを感じて継子に嫌悪感《けんおかん》が募り、継子がセメントベビーの面倒を見ようとすると触らないでほしいと思うようになったというストレスも聞きました。

家族の絆を固めるといわれているセメントベビーですが、時として固まる前にこうしてひび割れて修復できないことになってしまうこともあるのです。セメントベビーに期待しすぎずに、リスクがあることも理解しながら家族で話し合ってほしいです。

元嫁の遺品が目につく

妻を亡くして婚活中の男性の家のホームパーティにおじゃましたことがあります。彼の家には妻の仏壇はもちろんのこと、家のそこここに亡くなった妻の遺品が残っていました。婚活する前に家を片づけたほうがいいのにと思いました。

男性は亡くなった妻の遺品について無頓着《むとんちゃく》な人が多いのか、亡くなった妻に罪はないと思っているのかわかりませんが、元嫁の遺品に関するストレスは妻側からよく聞く話です。

私のところにカウンセリングに来た女性も言っていました。死別の夫と再婚して夫の家に引っ越してびっくりしたのは、数年前に亡くなった妻の遺品がごっそり残っていたことだそうです。「ひどいと思ったのは下着までタンスに残っていたことです」と彼女は言いました。洋服や下着、寝具などはせめて処分しておいてほしいところです。

死別の元嫁と夫が建てた家に入り、新しい家族の生活を始める人も少なくはありません。その場合には家そのものが元嫁の遺品に感じられるといいます。カーテンやインテリア、食器などすべてが元嫁の趣味で揃えたもので、遺品に感じるという方もいました。

「元嫁あてに送られてくる郵便物が再婚したあとにも届きます。ブランドショップのセールの案内状が多いです。子どもが増えて今の生活が苦しいわが家では、ブランド品を私が買うなんてありえないのでイラッとします」と言っていた方もいました。

そしてもっとも困るのが遺品の中でも元の家族の思い出の品です。写真や以前に家族旅行した先で購入したお土産、ビデオなどの思い出たっぷりの遺品。捨てようにも夫や継子にとっては残しておきたい思い出の品だと思うと、勝手に捨てられません。

気がつかないように少しずつ捨てていますと言っていた方もいましたが、それは夫や子にとっては申しわけないと思うので、やはり思い出の品についても目につく場所に保管してほしくないということをちゃんと伝えて、夫に対策を考えてもらえるようにするのがいいでしょう。

アルバムなどを丸ごとお預かりして電子アルバムにしてくれるサービスもあるので、データ化して保管しておくなどして、将来、子どもが必要な時に取りだして見られるようにしておくのもひとつの方法です。

不必要な遺品は捨てて、元の家族の思い出は子どものために残しておいたほうがいいような品は、目につかないように保管してもらうことを考えてもらってください。

元嫁のお墓と墓参り

死別の子連れ再婚家族には、もれなくお墓の問題がついてきます。結婚する時にはお墓のことなど考えないし、うっかりしていてあとになって気がついてストレスを募らせる人が多いのがこの問題です。

カウンセリングで出会った死別の父子家庭と再婚した女性、再婚当初は元妻の月命日に家族でお墓に行って花を供《そな》えてお参りするのが習慣でした。当然のように、彼女も同行させられていたそうです。

また月命日のお墓参りをしないと、亡くなった妻側の親族の目もあるとのことで、まるで監視されているように義務づけられていたといいます。それなのに亡くなった妻の親族は再婚を快く受けとめていなかったため、彼女は会うことを拒《こば》まれ、お墓参り以外の弔《とむら》い事の席には遠慮してほしいと言われ、手配は彼女の仕事だったのに、ひとり家で待たされ、かなり悔《くや》しい思いをしたといいます。

カウンセリングで本来の自分を取り戻すために、**嫌なことは無理にやらずに断ろうという決心をした**ので、彼女はその気持ちを夫に話し、夫も理解してくれ、月命日のお墓参りは、今では夫と子どもの２人でするようになりました。

それでいいと思います。なぜ亡くなった妻の墓守を再婚した妻がするのでしょうか？以前にある男性が、「俺は再婚するとしたら元妻の墓守をしてくれる女性としたい」と言っていましたが、私はありえないなと呆《あき》れました。きっとそういう人は再婚など考えないで、自分で亡くなった妻の墓守をしてひとりで生きていけばいいと思います。

また、**将来の墓の問題も見落としがちな問題です。**夫の墓に元妻が入っているということは、将来夫が亡くなった時には元妻と夫が同じお墓に入ります。さらにあなたが亡くなった時には、元妻とあなたが同じお墓に入ることにもなります。どうでしょうか、耐えられますか？

これは、死別の夫と再婚する場合には再婚前にしっかりと話し合っておくべき問題です。ストレスを募らせて、我慢してまで墓守をする必要はないし、将来の墓の問題は、新たに夫婦の墓を別に用意して、いざとなったら夫の骨は分骨する予定にしたという方もいました。

いずれにしても、再婚後に気がついてストレスになったり、慌《あわ》てたりしないよう、事前に話し合ったほうがいいと思う問題ですので、気をつけてください。

元嫁の仏壇をめぐって

「わが家には開かずの間があります」という話を、過去に2人の女性から聞いたことがあります。何かと思ったら、仏壇部屋のことだといいます。再婚して死別の家庭に嫁いだ女性が入りたくない部屋です。

取材でおうかがいしたお宅に開かずの間と呼んでいる部屋があり、死別の夫と再婚した妻はその部屋には再婚して2年たっても一度も入ったことがないと言いました。私が見てみたいと言ったら、見て来てもいいですよと言われたので、ドアを開けようとしたら鍵《かぎ》がかかっていて、見ることができませんでした。

彼女曰《いわ》く、その部屋はもともと亡くなった妻の部屋で、妻の仏壇や遺品があるのだと思うとのことでした。彼女は亡くなった妻の仏壇の世話なんかしたくないし、それでいいと思っているとのことでしたが、なんだか複雑な気分になりました。

また他の女性からは、夫から亡き妻はビールが好きな人だったので、毎晩、ビールを備えてくれと頼まれて、最初は素直にやっていたがだんだん腹が立ってきて発泡酒に替えたという話を聞きました。また、仏壇の扉を妻が閉めると夫が開けるという無言の戦争を繰り返していた人もいました。

再婚後に夫や継子が仏壇の世話をまったくしないので、仏壇の掃除がいつの間にか自分の役割になったことで、ストレスが募りすぎて爆発し、夫の了解を得て仏壇を処分したという人もいました。とにかくストレスは避けたいものです。

仏壇の置き場所や、仏壇の世話は死別ならではの悩みです。目立つ場所に置いてあるのが嫌で、ふだん目につかない場所に移動したという話はよく聞きますが、**理想を言うと再婚前に撤去しておきたいです。**

ただし仏壇には亡くなった人の魂が宿っているといわれているので、安易に廃棄してはいけません。儀式にのっとって、きちんと処分すれば大丈夫です。閉眼供養《へいげんくよう》というのをおこなうと、仏壇に入っている亡き人の魂を抜いて単なる箱に戻るらしいので粗大ごみ処分ができます。付属品や位牌《いはい》についても同じです。

再婚する前に仏壇があるのか？　再婚後にどこに置くのか？　仏壇の掃除やお供えものの世話を誰がするのか？　などは必ず確認しておきたいことです。最初はよくても、のちのちストレスになることが多いようですので、きちんと思いを確認して、できることなら処分したほうがいいと思います。

義父母との関係がうまくいかない

嫁舅《しゅうと》姑《しゅうとめ》問題はふつうに結婚していてもよくあることですが、子連れ再婚家族となると、子どもを介していろいろな問題が起こり複雑です。

初婚で父子家庭のお父さんと再婚した女性から聞きました。再婚前は忙しいお父さんに代わって、義母が子育てを担っていたそうです。彼と再婚した時に、義母から大学ノート3冊分のマニュアルを手渡されたと。そこには子どもの生活のペースや好み、好きな料理のレシピなどがぎっしりと書いてあったそうです。初婚の彼女にしたらはじめての子育てで不安なのに、さらにプレッシャーを感じたとのこと。

さらに近くに住んでいた義父母とは頻繁《ひんぱん》に交流しなければならず、継子を連れて義父母の家を訪問するのが義務のようになっていて、つらかったそうです。ある時は継子の小さい時のビデオを観せられて、そこには亡くなった元妻が映っていて苦痛だったけれども言えずに我慢したといいます。舅姑にしたら悪気はなく、孫のお母さんになる彼女を気づかっての行動だったのかもしれませんが、彼女はつらかったといいます。

他にも舅と2世帯住宅に暮らしたら、留守中に勝手に鍵を開けて入ってきて「カーテン閉めといたよ」と言われてびっくりしたとか、義父母の家に行くとおもちゃやお菓子を与え放題、甘やかし放題なので、帰宅すると子どもがわがままになっていて困るという声などもありました。

また死別の父子家庭と再婚した女性から、元妻の義父母が孫のために高価なプレゼントを贈ってくるので困っているという悩みを聞いたこともあります。死別の場合には子どもを介して、元妻の両親ともつきあわなくてはならない場合があります。

子連れ再婚家族の場合には、自分が家族になるよりも前に、築かれた子どもと祖父母との関係があるので、それを容認していくのが本当にたいへんです。祖父母との関係が険悪になってしまい、つきあいをやめたという方もいれば、両親との同居を解消することにした家族もあります。

前出の彼女の場合には夫の理解もあり、義父母とは距離を置くようにしたそうです。夫から両親に再婚生活が安定するまで口を出さないでほしいと話してもらい、彼女が継子を連れて義父母宅を訪問することは控えて、必要な時には夫が子どもを連れていくようにしているとのことでした。

ストレスを抱えすぎないうちにパートナーに相談して対策を考えるとよいでしょう。

複雑になる子どもと継祖父母とのつきあい

子連れ再婚家族は子どもと祖父母とのつきあいも複雑です。再婚するとパートナーのお父さん、お母さんがわが子の義理の祖父母（継祖父母）になります。

祖父母からしたら血のつながりのない孫ができて、継子ができた親と同じようにとまどうことでしょう。継親が継子をすぐにかわいいと思えないのと同じように、継孫をかわいいと思えない祖父母がいてもおかしくはありません。

「再婚する前から、いきなり小学生の孫ができても自分の孫だとは思えない」と言われてしまったという方もいらっしゃいました。それでも大人はむやみに嫌悪感を態度にあらわしたりはしないはずですが、たまに大人げない態度をとってしまう祖父母に困っているという相談を受けることもあります。

また、再婚家族にセメントベビーが生まれたとたんに実孫と継孫への愛情の違いを態度にあらわし、これまで継孫にはしてくれなかったようなことを実孫に対してはするので、違和感を感じストレスになったという話も聞きます。

継孫に対してはお誕生日のお祝いがなかったのに、実孫が生まれてからは実孫に高価な誕生日のお祝いが贈られてきたり、頻繁に電話がかかってくるようになったなどです。

わが家は幸い、夫も私もバツ2からの再婚だったので親も慣れていたのか、人間ができていたのか、それぞれの孫を差別することはなくかわいがってくれました。今思えば、それはとても幸せなことだったのだと思います。

再婚によりいきなり複数名の新しい人間が親族に加わるのです。すぐに慣れる親もいれば、なかなかなじめずに拒否反応を示す親もいます。そんな時には焦《あせ》って怒りをぶつけるのではなく、実の孫と義理の孫を同じように愛してほしいと言っているわけではないけれど、子どもたちの気持ちも考えてほしいとパートナーから伝えてもらいましょう。

子どもが継祖父母の家に行くのを嫌がるようになってしまったので、実孫だけ行かせるようにしたという家族もありました。

そこは無理しなくても、子どもの気持ちをいちばんに尊重して、何がなんでも継祖父母との交流が必要だとは思わずに、**必要最低限の親戚づきあいができる程度の関係を築いておけばいい**のです。

無理強《じ》いしなくても、子どもが無理なくできる程度の交流をしていければいいと思いますし、親もそれをストレスにしないことです。

子どもと離婚した実親との交流

日本の離婚後の面会交流の実施率は3割程度なので、離婚後に親子が交流している家族は少ないのが現状ですが、子どもと別れて暮らす親が、定期的に面会交流がある場合には、継親は注意しなくてはならない点があります。

子どもにとっては、両親の離婚で離れて暮らすことになってしまった親と定期的に交流が続くのは望ましいことなので、**再婚によりこれまで続いてきた面会交流を断絶するのは避けてほしい**と思います。

アメリカはステップファミリー文化が定着しているので、再婚後も別々に暮らしている親子が自由に交流している様子がふつうに見られるようですが、日本ではまだまだそういうふうにはいきません。

離婚時に面会交流について話し合いがおこなわれ、取り決めた頻度やルールにしたがって面会交流している家族が多いと思います。しかし再婚した時のことまで考慮されていないので、再婚後にいろいろと面倒が起きることも多いのです。

できるだけ連絡調整はパートナーに任せて、継子の面会交流や実親には関わらないこと

です。これまでもそうしてやってきたのですから、再婚したからといって継親がそれを引き受けようとしないことです。

私は再婚した時に夫の元嫁が夫の会社で働いていたので、子どもたちは自由に面会交流していました。彼が元妻と直接交渉するストレスを見ていて、下手に責任感を感じて手伝ってあげようと思ったのが今思えば大失敗だったと思います。

交渉を引き受けてしまったので彼女の性格をよく知ることになりました。自分勝手で子どもの気持ちを考えられない人だったので、子どもにとってもよい交流ができないと思いました。結果的に面会交流はなくなりました。その後、私は元妻の嫌な部分を継子の性格に重ねて見るようになってしまいました。それで継子に対して、ますます嫌悪感が募りました。知らなかったらなかったことなのに、無駄に関わってしまったばかりに失敗したと思っています。

知人にも私と同じような思いをした人がいます。継子と実母との面会交流の仲介的な役割を引き受けてしまったばかりに、その後ストレスを募らせてしまうことになっています。継子の離れて暮らす実親に、もともとそこまで関わる必要はありません。子どもの面会交流の仲介はこれまで通り実親に任せて、できるだけ関わらないようにすることが無駄にストレスを増やさないためですので、気をつけてください。

面会交流につきまとうストレス

再婚後のわが子の面会交流が苦手《にがて》、再婚後の継子の面会交流が苦手、と悩みはどちらにもあります。

わが子の面会交流に関しては、離婚した時から続いていると思いますので再婚したからといって苦手になったわけではなく、以前から苦手だけど再婚することになってパートナーが新しい親になってくれるのだから、離婚した相手にはもう関わりたくないという気持ちのあらわれから、さらに苦手になります。

継子の面会交流は、やはり実の親子の関わりは気になるし、自分の好きなパートナーが以前に結婚していた相手に対しての嫉妬心《しっとしん》もあり、継子が面会交流に出かけていく時には気が気ではないでしょう。さらにいうと、面会交流から帰ってきた子どもからその様子を聞くのも気が進まないと思います。

しかし、ここはどちらの場合もグッと我慢するしかありません。離婚や再婚は子どもの意思《いし》では決められないので、子どもにはできるだけこれまでの環境が変わらないようにしてあげたいものです。**再婚したから実の親とは会えなくなるということがないようにしな**

ければなりません。親のストレスは上手に気持ちを切り替えて回避してください。

以前に私が面会交流させていた時には、子どもに宿泊の面会交流をさせて自分は夫とのデートプランを考えて、継子がいない時間に夫と二人で楽しむことを考えるようにしていました。

いつも子どもがそばにいてできないことを夫婦で楽しむ時間にするといいでしょう。大人のレストランに行くとか、映画を観るとか、近場に旅をするとか、子どもが面会に出かけている時間を逆に楽しく過ごしましょう。自分が楽しく過ごせれば、帰ってきた子どもから楽しかった話を聞くのも寛大な気持ちで聞けるようになります。

また、たまに会う親はいいとこ取りです。子どもを喜ばせるために子どもを甘やかしたりするので、頭にくることもありますが、そこは子どもも理解してうまく使い分けているところなので、多少のことは目をつぶって許しましょう。

以前に子どもが面会交流から帰宅して、継父に「パパ（実親）のほうがいい」と言ってしまうので夫が傷ついているという相談を受けたことがありますが、子どもが遠慮なく継父にそんなことを言えるのは、信頼関係がある証拠なので自信を持ってくださいとアドバイスしました。張り合わなくても大丈夫です。**子どもは実の親と継親と二人の親を柔軟に受け入れていきます。**

夫婦でわかり合えない気持ちがある

「私の気持ちをパートナーはまったくわかってくれない」と相談にくる子連れ再婚家族の方は多いのですが、**わかってもらおうと思わないことです。**わかってほしいと思ってもわかってもらえないことがあって、それがストレスを助長させてしまっています。

こと子どものことに関しては特にそうです。「夫は、私が継子をかわいいと思えない気持ちをわかってくれない」「こんなに頑張っているのに認めてくれないし評価してくれない」と悩んでいる人がいますが、逆の立場になって考えてみてください。自分の子どもをかわいいと思えないなどとパートナーから言われた時の気持ちってどうでしょうか?

私はシングルマザー時代に独身の彼とおつきあいしていたことがありました。ある時、彼から「君の子どもをかわいいと思えない」と言われたことがあります。今思えば彼は、こんなに努力している僕を認めてほしいという気持ちをぶつけてきただけだったと思います。でも当時の私は、「なんてひどいことを言うのだろう?」と怒りと悲しみがこみ上げてきて、そんなひどいことを言う彼を憎いとまで思いました。

大好きなパートナーには自分の気持ちを理解してほしいと思うのは夫婦だったら当然の

願望ですが、子連れ再婚夫婦の場合にはこれが叶《かな》いません。実親と継親の子どもに対する思いには、相反するものがあるからです。

夫婦なんだから遠慮なく言いたいことを言い合おうというのは、子どものことに関してはやめたほうがいいです。カウンセリングにいらした女性が「継子なんて大っ嫌い！」と夫にいつも言っているというので夫の反応を聞いてみたら、夫は黙って聞いてくれているというのですが、それは本当に我慢でしかないのだと思います。わかってくれているのとは違うので、いつかその我慢は爆発するでしょう。

私は彼女に「大っ嫌い」をせめて「苦手」という言い方に変えて伝えましょう、とアドバイスしました。「あなたの子が大っ嫌い」とあからさまに言うのではなく、「あなたの子が苦手」と伝えたほうがまだましだと思います。

そして苦しい気持ちや頑張っている努力をわかってほしいと思うのなら、「苦手意識を克服したいと頑張っているのでわかってほしい」というところまでちゃんと伝えないと、わかってもらえません。

実親も同様です。あなたの子どもが嫌いと言われて我慢しているのではなく、自分の大切な子どもだから苦手意識を克服してほしいと、言葉にしてしっかりと伝えましょう。

前の家族との思い出はオープンに

子連れ再婚家族ではそれぞれが前の家族との思い出をたくさん持っています。たとえば家族の記念日、お祝い事の過ごし方の違いなど。また、思い出はもちろんですが、写真や記念の品など思い出の品もそれぞれが持っていることでしょう。

私も夫や継子の思い出の写真を目にしたことがあります。見てしまった時には嫉妬心のような気持ちを持ってしまって気分のいいものではなかったのですが、よく考えたら自分にも同じように思い出の写真や品があるわけなので、冷静に考えようと思いました。

友人の継母さんが、継子が亡くなったお母さんのパジャマの切れ端を大切にしていて嫌な気分がすると言っていましたが、これも子どもにとっては大切な思い出の品です。

亡くなった実母への思いなので仕方がありません。恋人同士で前の彼氏（彼女）との思い出の写真や品物は処分してほしいというのとはわけが違います。

また、家族で団欒《だんらん》している時に、前はこうだったよねというような会話が出ると、仲間はずれ感を感じてさびしい思いをしたりするのも子連れ再婚家族ならではですが、そこもグッと我慢するしかありません。

家族がそれぞれの思い出を語るのをタブーにしてしまうと、お互いに居心地の悪い思いをするからです。

これは再婚したばかりの時には仕方がありません。２つの家族に共通の思い出もなければ、記念日の過ごし方などまだ新しい家族のやり方が何も決まっていないのですから。どうしても「前の家では……」と考えてしまうので、しばらくはそれぞれの思い出を共有しながら、前の家族ではできなかったことを新たな楽しみとして見つけてみてください。

わが家は家族でキャンプをすることにしました。それぞれ前の家ではできなかったことで、キャンプ用品をゼロから揃えていくのも楽しかったです。子連れ再婚家族だった８年間、キャンプでたくさんの家族の思い出をつくれました。

とにかく新しい家族の思い出をたくさんつくることです。家族みんなで楽しめるイベントを話し合って決めていければ、それがいつかたくさんの思い出になって家族の歴史になります。

家族の歴史を積み重ねていけば、過去の家族の思い出に嫉妬することもなくなるでしょう。

養子縁組を解消したい時

日本では子連れ再婚をすると養子縁組をする家族が多いという話をしましたが、問題なのは養子縁組についてしっかりと考える機会も与えられずに、するものだと思いこんでしてしまった場合です。

養子縁組は子どもの親権者になることで、法律的に親としての責任をともないます。その認識なく縁組してしまって、あとで後悔している継母さんも何人かいます。私が養子縁組を選択しなかった理由を話すと、養子縁組を今からでもいいので解消したいという方がいます。

養子縁組の解消もいつでもできるので、子どもの親権者であるということが気持ちの負担になっているのなら、一度した養子縁組を解消してもいいのではないかと私は思います。それで気持ちが晴れて継子と楽に向き合えるようになるのであれば、ひとつの選択肢ではないでしょうか。

子どもにとって相続させたい夫婦の共有財産ができたときなどには養子縁組が必要になりますが、そうなってからまた考えればいいことです。

ただし養子縁組を解消する際に注意しなければならないことがあります。苗字を同じにするために養子縁組を選んだ親子の場合には、入籍から5年が経過していないと縁組解消と同時に旧姓に自動的に戻ることになってしまいますので要注意です。

継子が結婚する時期に合わせて養子縁組を解消した継母さんがいました。彼女は継子の婚姻届を見た時に衝撃を受けたといいます。なぜなら婚姻届には実の母の名前を書く欄はあるのに、養母である継母の名前を書く欄は「その他」になっています。

それを知った時に、彼女は20歳になったのだし、これまでに養母として十分な責任を果たしたと思うことにして養子縁組を解消したと言っていました。

今後、何かあったら自分の財産はまだ成人していない実子にだけ相続させたいという思いもあったようです。結婚して嫁いでいった継子に対しての彼女なりのケジメだったのだと思います。

このように養子縁組の解消も選択の自由ですが、一度した養子縁組を解消する場合にはパートナーの気持ちもあると思いますので、そこはちゃんと納得できるまで話し合いをして決めてほしいと思います。

第4章

自分でできる心のストレス解消法

相談先を間違えないように

子連れ再婚家族のカウンセリングをしていると、他の相談先で嫌《いや》な思いをしたという方が何人もいます。子連れ再婚に悩んで藁《わら》をもつかむ気持ちで勇気を出して、子育て相談を訪ねたら、「お母さんになったんだから頑張らなくちゃ」と励まされて、頑張れない自分を責めて落ちこむだけだったというような話です。

日本では子連れ再婚家族のストレスがまだまだ認知されていないので、子育て相談にいっても一般の子育て相談として対応されてしまい、子連れ再婚ならではのさまざまなストレスを理解してくれたうえでの対応はしてもらえないというのが現状です。

「継子《ままこ》を愛《いと》しいと思えない」と相談したら、「大丈夫、子どもはとにかく抱きしめてあげてください」とアドバイスされて、抱きしめられないから悩んでいるのにとがっかりすることが多いのです。

また、家族や友人に相談しても、「苦労は覚悟で再婚したんでしょ？」と言われてしまって、わかってもらえません。私も言われたことがありますが、たしかに覚悟を持って再婚しましたが、覚悟以上にたいへんなことがあるのが子連れ再婚家族なのです。誰かにその苦労を理解してもらって、励ましてもらいたかったのです。

　それではいったい誰に相談すればわかってもらえるのでしょうか？　いちばんいいのは私のように子連れ再婚家族支援を専門にしたカウンセラーに相談することです。日本ではまだまだ少ないですが、インターネットで「子連れ再婚カウンセリング」や「ステップファミリーカウンセリング」で検索するといくつかの相談機関はあります。最寄《もよ》りの相談機関を訪問するか、電話相談やメール相談ができるカウンセラーを選ぶといいでしょう。

　インターネットのＳＮＳやブログを介して、悩みに共感してくれる仲間を求めて友人をつくり、経験者同士で愚痴《ぐち》ったり、励まし合っている方も多くいます。子連れ再婚家族の悩みは同じ子連れ再婚家族じゃないとわかり合えないので、それもいいと思います。

　私自身は再婚前から当事者団体に会員登録して、勉強会やワークショップに参加したりして仲間を増やしました。その後、そこで出会った仲間と現在、私が理事長をしているＮＰＯ法人Ｍ－ＳＴＥＰを立ち上げ、子連れ再婚家族のための交流会やイベントを主催しています。

　支援団体も全国的にはまだまだ少数ですが、いくつかの団体があります。勉強会や交流会などお近くで参加できるものがあれば参加して、仲間づくりをすることがおすすめです。

SNSやブログはオープンにしないこと

私は再婚当初（10年前）からアメーバブログに「子連れ再婚を考えたときに読むブログ」を連載しています。ブログを通じて知り合いになった子連れ再婚家族の女性がたくさんいますが、この間、たくさんの方が自分のブログやSNSをやめてしまっています。

理由はそれぞれですが、中でも読者からの誹謗中傷《ひぼうちゅうしょう》に心が折れてしまったというのがもっとも多い理由です。寄せられるコメントが共感ばかりではなく、批判の投稿をされて書くのが怖くなってしまったり、過去には「2ちゃんねる」という匿名《とくめい》の掲示板の中に「鬼継母」というスレッドをつくられ、ブログの内容を転載されて傷ついてしまった継母《ままはは》さんもいました。

ブログやSNSに吐き出す愚痴や泣きごとは、当人にとってはとてもいいストレス発散になります。書いていることは本音《ほんね》ではありますが、書いている以上の努力や葛藤《かっとう》があることも事実です。でも経験もない人たちからしたら、他人のトラブルはおもしろおかしいだけだし、書き方によっては子どもがかわいそうなどという気持ちになり、勝手に再婚して愚痴っているひどい親だという受けとめ方から批判されます。

アメーバブログには「アメンバー」という設定があります。フェイスブックなどのSNSにも友だち限定の投稿機能があります。承認された人しか読めない機能を生かして、共感してくれる仲間だけを承認して読んでもらうのがいいと思います。

そこまでしてSNSやブログをしなくてもいいと思うかもしれませんが、そういった場を使って気持ちをカミングアウトすることで、仲間の共感が得られて仲間同士のつながりをつくることができたり、吐きだすことがいい気分転換になるのも事実です。

私はプロの物書きなので、子連れ再婚家族の困難さなどを専門家の立場として書くことが多いし、過去に書いていた家族の愚痴などはきちんと文脈を計算したうえで落としどころを探って書いているので誹謗中傷されることはありませんが、一般の方が書くときにはくれぐれも気をつけてください。

せっかくストレス発散のために書きはじめたブログやSNSで、逆に嫌な思いをしてストレスになることがあるので、**ブログやSNSは安易に不特定多数に公開しないで、読者を選んで公開する**ことをおすすめします。

また、意外と継母の敵は実親立場の人だったり、子連れ再婚家族で育った方が継親《ままおや》に対して攻撃的だったりすることもあるので、同じ子連れ再婚経験者だからといって安心するのではなく、ちゃんと見極《みきわ》めましょう。

仲間の話は救いになる

相談相手を間違えないことや、愚痴を吐きだす場所をオープンにしすぎないようになど、注意してほしいことをお伝えしましたが、だからといって、ひとりで孤独にストレスを抱えるのではなく、わかり合える仲間を探しましょう。子連れ再婚家族の悩みは経験者じゃないとわかりません。数少ない子連れ再婚家族の交流会も探せばあります。ブログやSNSなどインターネットを使って仲間探しをするのもおすすめです。

私は再婚前に子連れ再婚家族の交流会に積極的に参加していました。ある時、男性も参加できる家族向けのバーベキューイベントがありました。家庭の愚痴をふだん会社などでは言えないお父さんたちが、同じ境遇の仲間がいるそのイベントではお酒を飲みながら話し、とても盛り上がっていました。

当時、夫も参加していたのであとで話を聞いてみると、継子がかわいくないとか継子に遠慮して叱《しか》ることができなくて、殴ってやりたいくらいまで我慢していることがあるなど、継父《ままちち》ならではのストレスを吐きだしていたそうです。男性のほうがなかなか仲間に出会えずに、吐きだす場もなくひとりで我慢している人が多いのかもしれないと思いました。

この会にはじめて参加したお父さんが、その後、夫婦《ふうふ》喧嘩《げんか》をするたびに「俺の気持ちはあの人たちにしかわかってもらえないから、また話を聞いてほしい」と言っているという話を聞いて納得しました。**自分の気持ちをわかってくれる人に聞いてもらえるのは、本当に救いになります。**

また、違う立場の親の意見を聞くこともためになりました。パートナーに言われると素直に聞けないことも、パートナーと同じ立場の人の意見を聞くことで、夫がどんな気持ちで頑張っているのかを知ることができました。継親の悩みを実親が聞いたり、実親の悩みを継親が聞いたりする交流もためになります。

人の話を聞いてみると自分よりも苦労している話はたくさんあり、それを聞いて安心する気持ちを持ったり、仲間が頑張っている話を聞いて、それを参考にして自分も頑張ろうと思えたりします。**自分だけが苦しいんじゃないと思えることは力になります。**

ただし、開き直りはダメです。継子を愛せなくて当たり前と仲間から聞いて開き直って、帰ってからあからさまに継子とセメントベビー（実子）を差別するようになったお父さんがいました。継子を愛せないと葛藤しながらも、その陰にはたくさんの努力や工夫があります。そういった意見に耳を傾けて頑張る励みにしましょう。

自分の居場所をつくる

「家族の中に居場所がないような気がします」と悩みを口にする方がいます。この悩みは独身から子連れのパートナーと結婚した人から聞くことが多いです。本来ならばパートナーと二人で結婚生活がスタートするはずが、すでにできあがっている家族の中にひとりで入っていかなくてはならないので当然です。

新しい家族で一緒にリビングにいても、くつろげなくて違和感があり、でもなじもうと努力して疲れてしまう。そんなストレスから感じる気持ちです。

お互いに子どもがいる場合でも、パートナーの家族だけの団欒《だんらん》の場にはなじめないというストレスも、子連れ再婚したばかりの頃にはよくあることです。私も夫と継子だけがリビングのソファーでくつろいでいると、違和感があり同じ空間にはいたくないと思っていました。

私が子連れ再婚家族をしていた時には自分の部屋を持っていました。だから、疎外感を感じた時には自分の部屋に行き、音楽を聴《き》いたり、お香やアロマをたいたりして上手に気分転換して過ごす時間を意識してつくっていました。こうして、自分の居場所を意識してつくることが大切です。

以前、カウンセリングのクライアントの方に「自分の居場所をつくろう」とアドバイスしたら、狭い住宅事情で自分ひとりの部屋が持てないというので、部屋じゃなくてもいいので、**自分がくつろげる場所**を考えてみてほしいと宿題を出しました。

彼女はキッチンの隅にある小さなスペースのレイアウトを変えて、自分のワークスペースをつくることにしました。リビングで疎外感を感じてしまった時には、自分のお気に入りのワークスペースに行って、書き物をしたり、読書をすることができるようになって効果的だったといいます。

場所にこだわる必要はありません。居場所とは自分が所属していて心地よいと感じる集まりなどに所属することでも得ることができます。習い事を始めたり、何か趣味のサークルなどに参加するのもいいと思います。出かけるのが無理だったら、インターネットのコミュニティなどに参加するのも効果的だと思います。

居場所がない人のほとんどは消極的で自分から動こうとせず、周囲が変わってくれるのを待つ場合が多いです。**大事なのは、自分で動きだすことです**。居場所がないことを嘆き悲しむ前に、居場所を自分でつくったり、見つけたりする努力をしましょう。

気にしない力を育てる

人は心の中にアルバムのようなものを持っています。そのアルバムには「いつも一緒にいたいと思う人」「自分が所有したいと思っているもの」「経験したいと思うこと」「行動の多くを支配している考えや信条」が写真として貼りついています。人はこのアルバムの中の写真が思い通りになっていない時に、悩みやストレスを抱えます。

あなたが今、悩んでいるのは、夫（妻）が自分のことをわかってくれない、継子が自分の言うことを素直に聞いてくれない、などだと思います。それはあなたの心のアルバムの中に夫や妻や継子が貼りついていて、「彼らは自分にとってこうあるべき」というこだわりがあり、それが思い通りになっていないからです。

この思い通りになっていない写真をいつまでも貼りつづけていると、いつまでたってもストレスを持ちつづけて楽に生きることができません。

私のカウンセリングではこのストレスを抱えるしくみをお話しして、アルバムの中の写真の貼り換え作業を一緒に考えてもらいます。

たとえば、私が子連れ再婚家族だった時にわが家は夫も私も働いていたので、家事は折《せっ》半《ぱん》でやるべきだというのが私のこだわりでした。ところが再婚後に夫は家事を手伝ってくれなかったので、私のストレスは蓄積していきました。このままではいつもイライラして苦しいだけだと気がついた私は、夫にはせめて毎朝のごみ捨てとお風呂掃除だけやってもらえればいいやと思うことにしました。

その後、その２つを上手にお願いして、夫にやってもらえるようになった時に私のストレスは軽減しました。これがアルバムの写真の貼り換え作業をするということです。

また、人は悩みやストレスを抱えた時には、その根源になる相手や出来事のせいにしがちなので、相手を責めたり、起きてしまった出来事を悔やんだりします。しかし、そのストレスを選んでいるのは自分だということに気がついてください。

あなたが嫌な気分を選んでしまっているのです。だから、ストレスを選ばない人間になることが大切です。

そのためにもこのアルバムの写真の貼り換えを知ることは大切です。**大きくて叶《かな》わない願望や思い通りになっていないこだわりを貼り換えて、妥協する力や気にしない力を育てましょう。**「このくらいでいいか」と思うようにして、叶わない願望は手放して、すぐに叶えられそうなことを目指していくと楽になります。

マイナス思考から上手に気分転換する

カウンセリングに訪れる方に、「趣味とか好きでやっていることはありますか？」とお聞きすると、皆さん首をかしげて考えてしまいます。悩んでいる時には本当に心に余裕がなくて、気分転換を忘れてしまっているんだなと思う瞬間です。

人間は「思考」「感情」「行動行為」「生理反応」が連鎖《れんさ》して回っています。悩んでいる人はマイナス思考でくよくよとよからぬことばかり考えているので、悲しい感情や怒りの感情などマイナスの感情を持っています。すると胃が痛くなったり、頭が痛くなったりして動けなくなります。この悪循環が長く続くと、本当に病気になってしまいます。

だからこのマイナス方向に回っているサイクルを、プラス方向に回してあげる必要があります。自分の力で変えられるのが「思考」と「行動行為」です。いきなりプラス思考でと言われても切り替えがむずかしいと思うので、行動行為を変えるほうが簡単です。マイナス思考を選びそうになった時には行動の切り替えをしてください。それが気分転換が必要だといわれる理由です。

今悩んでいる人は、子連れ再婚をしてさまざまな苦労に遭遇しています。思考がマイナスになってすべてがマイナス方向に回っている状態で、気分転換をすっかり忘れてしまっています。だから気分転換を上手にして、このマイナスのサイクルから抜けだす必要があります。

再婚する前に、趣味でやっていたこと。再婚してから生活に追われて忘れてしまっていた自分の楽しみなどを思いだしてみてください。海外旅行をするとかスポーツをするなど、今すぐには時間がとれないと思うような趣味ではなく、**日々の生活の中で気軽にできそうな行動や行為を考えてみましょう。**

たとえば私の場合、ネイルチェンジをするとか、アロマをたいてリラックスするとか、イラッとすることがあったら、気分転換になることを選んで行動を変えて無駄にくよくよと考えてストレスを募《つの》らせないようにしています。

私のカウンセリングのクライアントさんも、この気分転換の必要性を聞いて、自分で簡単にできる方法を選んで取り組んでいます。セメントベビーが生まれたばかりで、時間がないというお母さんも深呼吸をするとか、掃除をして気分転換しますと日々の生活の中でできる小さな方法を見つけて取り組んでいます。

今、マイナス思考で悩みつづけて動けなくなっている人がいたら、意識して何か気分転換を見つけて、行動行為の切り替えをしてみましょう。少し楽になると思います。

自己評価が上がると前を向ける

「どうしたらいいのかわかりません」と悩んでいる人に、「あなたは自分のことを何パーセントくらい好きですか？」と私はよく聞きます。

自分のことを決められない人というのは自己評価が低いからです。それに気がついてもらうための質問ですが、案の定迷っている人は自分のことが好きではなく、皆さん50パーセント以下の回答をされます。

自分のことが好きな人は自分のことは自信を持って決められるし、自分の行動や言動に自信を持っているので、たとえ失敗したとしてもそれを認め、次に何をしたらいいのかもしっかりと自分で判断して前に進んでいけます。

子連れ再婚家族で悩んで相談に訪れる方が、自分の家族との関係や問題についての対応に迷いがあるのは自己評価が低いからで、この自己評価を上げることが抱えている問題の解決につながります。

やり方は簡単です。私のカウンセリングではカウンセリングシートを使います。シートの中に「自分の長所を書いてみましょう」という項目があるので、**毎日シートと向き合っ**

て自分の長所を考えて書いてもらいます。

悩んでいる人は自分のことが好きじゃないので、最初は自分の長所があまり書けません。でもひとつずつでも増やそうと努力して続けていくことが大事です。同じような長所でもいいので、言い方を変えて増やしていきます。たとえば、「明るい」↓「明朗」↓「笑顔が似合う」といった感じです。

長所が増えていくのと一緒に、徐々に自分のことが好きになっていくのがわかるでしょう。**すらすらとたくさんの長所を書けるようになった頃には自己評価が上がって、自分のことも１００パーセント好きだと言えるようになります。すると迷いもなくなって、自分のことは自分でしっかりと決められるようになります。**

カウンセリングシートを１００日間書きつづけたクライアントの方はみんな自己評価が高くなって、次々に起きる家族の問題に自分自身でしっかりと立ち向かう力をつけて卒業していきます。

自分のことを今何パーセントくらい好きかと考えてみて、１００パーセントと答えられない人は自己評価を上げるトレーニングをおすすめします。これは日記帳などのノートを使ってもできることなので、ぜひすぐにでもやってみてください。

プラスのセルフトークを習慣に

あなたが心によくつぶやく言葉は何ですか？　これをセルフトークといいます。心の中にあるひとりごとです。**人の心と言葉はつながっています。**下を向いて「はぁ……」とため息をつくと、どんどん気持ちが沈んでいきます。逆に顔を上げて胸を張り「頑張るぞ！」と言うと、気持ちは高まっていきます。

今悩んでいるあなたは、「継子なんか嫌い」「再婚なんかしなければよかった」「ああ、なんでこうなるんだろう」などと、マイナスのセルフトークを毎日していませんか？

このマイナスのセルフトークをやめて、プラスのセルフトークを使えるようにならないと、いつまでたっても今のストレスのある生活からは抜けだせません。

そこで、セルフトークをする時のポイントを3つお伝えします。**1つ目はプラスの言葉づかいをすること**です。プラスの言葉づかいとは「大丈夫、気にしないようにしよう」「たいへんだけど頑張ろう」「何とかなるさ」など、口に出すと気持ちが明るく、前向きになる言葉のことです。強気、前向きで、やる気に満ちた言葉を使うようにしましょう。

2つ目は自信が持てる態度をとることです。心と体はつながっているので、胸を張り、顔を上げて、自信に満ちあふれた表情をつくって、セルフトークをしましょう。

３つ目は繰り返し言葉にすることです。繰り返し言うことで印象に残り、自分への暗示もより強いものになっていきます。マイナスのトークを捨てて、プラスのトークを習慣化する必要があります。

簡単なことのように感じるかもしれませんが、意識をしないと人はマイナスの要因に目が行きやすい思考習慣になっているので、簡単にはできないことです。

また、家族やまわりの人に対してもポジティブな言葉を使えるようになると、ポジティブな言葉や出来事が自分に跳《は》ね返ってきます。すると自分の気持ちも明るく、さらに前向きになれるはずです。

特に一日の始まりに注意してみてください。朝、ため息をつきながら一日がスタートする人と、「よし、今日も頑張るぞ」とプラスのセルフトークで始められる人とでは、その日一日がまるで違うものになるはずです。**元気な人には元気な人が寄ってくるので、人間関係も良好になるし、楽しい毎日が送れるようになるはずです。**

自分のセルフトークを再確認してみて、最近、ため息が多いとかネガティブなことばかりつぶやいていることに気がついたら、ぜひ意識してプラスのセルフトークを使うようにしてみてください。

第5章　家族がうまくいく秘訣

夫婦のパートナーシップをしっかりつくるポイント

うまくいっている子連れ再婚家族を見ていると、夫婦がしっかり問題と向き合って話し合いをしている方が多いです。逆に再婚後に悩んで行き詰まっている方は、パートナーと話し合いができずに悩んでいます。

アメリカにはステップファミリーに向けて、ひとつの箱の中に、夫婦で話し合いをしたい議題をお互いがメモにしていくつも入れておき、それを一日1枚取りだして話し合いをするというプログラムがあると聞いています。とてもいいなと思いました。

問題が起きた時に話し合いをすればいいと思っていると、問題が小さなうちはなかなか話し合いできず、ぎりぎりまで放っておくことになり、夫婦の信頼関係が崩《くず》れていく原因になります。日頃から小さなことでも話し合うことができるように習慣化しておくことこそが大切です。

うまくいっているご夫婦にその工夫を聞くと、意識して夫婦二人だけの時間をつくるようにしているといいます。寝る前の数分をおしゃべりする時間にあてたり、週に1回は夫婦だけで外食するようにしているとか、子どもが寝てからゆっくりとお酒を飲みながら話をするなどの工夫をしているそうです。

子連れ再婚家族の場合には、常に子どもがいるために二人だけの時間はあえて意識しないとつくれません。

また、日本人には「言わなくてもわかっているだろう」「言わなくてもわかってほしい」という文化があり、特に男性は多弁に自分の思いを語れる人はごくまれです。

しかし、お互いの考えていることはちゃんと言わないと伝わらないし、勘違いが起きることもあります。特に子連れ再婚家族では予想もつかなかった問題が起きるので、問題が大きくなる前に小出しにして、しっかりと話し合いができる関係、気軽に話し合える環境を築いておくことがうまくやるポイントになります。これは恋愛時代から意識して心がけてほしいことでもあります。

すでに夫婦間の話し合いがうまくできずに悩んでいる方には、カウンセリングやコミュニケーションスキルを学ぶことをおすすめします。人の話を上手に聞くコツや、相手の意見を上手に引きだす話法などを学べば、きっとできるようになると思います。

どうかもう手遅れだと思わずに、意識して話し合いができるよい関係を構築するために頑張ってみてください。

ピアカウンセリングのすすめ

子連れ再婚家族は同じ家族の中にいても、立場が違うと気持ちもわかり合えないとお伝えしました。**継親《ままおや》の気持ちを実親は理解できないし、実親の気持ちを継親は理解できないからです。**

しかし、だからといってパートナーに打ち明けてもわかってもらえないとあきらめてしまうのではなく、お互いがそれぞれの立場に立って考えてみることも必要です。

私はそれぞれの違った立場からの意見を聞く場として、ピアカウンセリングを開催しています。子連れ再婚家族に属している人を対象に、あえて継親とか実親とか違った立場の人たちを分けずに一緒にピアカウンセリングしてもらいます。

ピアカウンセリングの「Peer」は「仲間」という意味で、**共通の経験を持った仲間がお互いの経験を聞くためにテーマと持ち時間を決めてグループワークをします。そこには何らかの気づきがあります。**

自分のパートナーとの立場の違いから起きるすれ違いは素直に認められないのに、ピアカウンセリングで自分のパートナーと同じ立場の方が抱えているストレスを聞くことでパートナーの気持ちに気がつき、相手の立場に立って考えることができるという効果があります。

前にもお伝えしましたが、人は心にアルバムを持っています。これは個性のアルバムと呼ばれるもので、まったく同じアルバムを持っている人はいません。その人のこだわりをつくっているのは、この個性のアルバムがあるからです。

同じトラブルに遭遇しても感じ方が違ったりするのは、この個性のアルバムが違うからです。そして大切にしているアルバムの写真が思い通りになっていなかったり、大切にしている人に認めてもらえない時に、人はストレスを抱えます。

パートナーが考えていることは自分とはまったく正反対で、おかしいと思うこともあるかもしれませんが、自分の意見と正反対でも否定したりせず、「そういう考えもあるんだ」と、前向きに受けとるようにしてみましょう。

相手がそう考えるのはなぜだろうか？　私とは違う考え方だけれども、しっかりと聞いてみよう。「あなたはそう考えるのですね？　どうしてそう考えるの？」と聞いてもらえるだけで、相手は大切に思っている人に意見を尊重してもらえたと感じるでしょう。

このように、相手の考えや感性を理解し、受け入れることが相手の立場に立つということです。

無駄に言い争いをしないために

言葉は遠い他人には意味が8割、感情が2割で伝わります。逆に家族などの近い人間には感情が8割、意味が2割で伝わります。そう考えると、**家族に大切なことを伝えたい時には、内容よりも伝える時の感情がとても大切**だということがわかります。

パートナーや継子《ままこ》と口喧嘩《くちげんか》をしてしまっている時のことを想像してみてください。あとから振り返って考えると、口喧嘩の最中は相手も自分も感情的になっていて、伝えたいことも伝わってこなかったし、自分も相手の感情に腹を立てて無駄に言い争いをしていたのではないでしょうか？　なんだかよくわからないけど怒っていたと感じるのはそのためです。

本当の自分の気持ちをきちんと伝えたいとか、相手と話し合って折り合いをつけたいと思ったら、家族間では感情を穏《おだ》やかにして向き合うことが大切なのです。

これを理解したら、イラッとしたその場では決して話をしないことです。ただ喧嘩になって気分が悪くなるだけです。その場は離れて気分転換することに力を尽くしましょう。心が穏やかになってから、改めてそのことについて話をしましょう。

私も家族にストレスを感じた時には、その時の感情に任《まか》せて言うのではなく、後日冷静に考えてその時のことについて話がしたいと伝えて、別に時間をとってもらって話をするようにしていました。夫からしたら、「先日の件について話がしたい」と後になって言われるのでドキドキしていたようですが、そうして話したことはわかってほしいという感情がきちんと伝わるので効果的でした。

また自分の要望を伝える時には、アイトークを心がけることが大切です。アイトークとは主語を「私」にして話をすることです。人は「あなたがおかしい」とか「あなたのやり方が気に入らない」という言い方をしがちですが、こうして話をされると相手はコントロールを感じるので、反発したくなり素直に聞くことができません。

アイトークとは「私は今、こんなふうに困っている」「私はあなたにこうしてほしいと思っている」というように、あなたの要望を「私」を主語にして伝えることです。

また、相手から反対意見を言われた時にも、その場で怒りの感情をぶつけるのではなく、なぜ相手がそう考えるのかを聞く姿勢が大切です。感情を穏やかにして、「私はそうは思えないのだけれど、あなたがそう思うのはなぜ？」というように、相手の意見にちゃんと耳を傾けることが上手に話し合いをするコツです。

家族に、自分に「ありがとう」を伝える

子連れ再婚家族は本当にたいへんです。たとえば、里親さんには国のサポート体制がありますが、同じ他人の子どもを育てている継親さんには何もありません。それどころか、再婚したんだから、苦労するのは覚悟のうえだったはずなどと言われてしまい、安易に愚《ぐ》痴《ち》ることすら許されない中で、皆さん頑張っています。

だからこそ、**せめて家族の中ではお互いにねぎらいの言葉をかけ合って生活してください。**家事や育児、仕事もやってもらって当たり前だと思わずに、お互いに感謝を伝えましょう。**家族からの「ありがとう」があれば、つらくても頑張れると思います。**

ところが、この「ありがとう」は習慣化していないとなかなか言えないものです。言ってほしいと感じたら、自分から言う習慣をつくりましょう。

私はカウンセラーなので、人や出来事に日々感謝する習慣が身についています。そのおかげで再婚生活でも、家族に何かしてもらったら当たり前だと思わずに感謝を伝えるようにしてきました。

たとえば夫がたまに洗濯物をたたんでくれたり、気をまわして食器を洗ってくれたりし

た時には、共同生活だし当たり前だと思えば当たり前ですが、そう思わずに「ありがとう」と感謝をちゃんと伝えるようにしていました。

継子に対してもお手伝いをしてくれた時には「ありがとう」をちゃんと伝えていました。すると快くお手伝いしてくれる回数が増えるし、私は「ありがとう」を素直に言えた自分を褒めて自己満足もできたし、家族にとっていい効果を生んでいました。

自分のパートナーや継子は感謝の言葉なんか絶対に口にしないとあきらめてしまっている方も多いかもしれませんが、**「ありがとう」は心を豊かにするシャワーです。**パートナーや継子からすぐに返ってこなくても、「ありがとう」を言える自分の寛大さにまずは自己満足できれば、それだけでも気分が上昇するでしょう。

また頑張っている自分に対しても「ありがとう」をつぶやき、自分の努力をねぎらうことを習慣にしましょう。自分への「ありがとう」を習慣にしている人たちからは、たまに自分自身にご褒美《ほうび》をあげているという話を聞きます。欲しいものを買うとか、おいしいものを食べるとか、意識してやっているだけで元気になれます。

まずは、**自分への「ありがとう」を習慣化してみましょう。そうすれば家族への「ありがとう」も自然に言えるようになります。**頑張っている自分にありがとうをたくさん伝えて、ご褒美をあげましょう。

家族間ですれ違いがあるとき

人間関係のすれ違いは個性の違いから起きているので、家族間でうまくいかない関係性を感じる時には、家族それぞれの個性を考えてみることが大切です。

人の個性は5つの基本的欲求のバランスによりつくられています。

「愛所属の欲求」愛されたい、愛したい、どこかに属していたいという欲求。
「力の欲求」認められたい、成功したいという欲求。
「楽しみの欲求」いつも楽しいことをしていたいという欲求。
「自由の欲求」自由に選択して行動したいという欲求。
「生存の欲求」生きるためにすること。寝る、休む、食べるなどの欲求。

人はこの5つの欲求を持ち合わせていますが、強弱の違いがあり、それが個性をつくっています。

まず、あなたの個性を考えてみましょう。たとえば、私は「自由の欲求」と「楽しみの欲求」が強いので、いつも自由で楽しいことをしていたいという欲求から個性がつくられています。過去の私の夫は「生存の欲求」が強かったので、休日は寝てばかりいました。

「楽しみの欲求」の強い私からしたら、せっかくの休日にゴロゴロと寝てばかりいる彼が許せなくて、そんな彼を見てはイライラしていました。また、私は「自由の欲求」も強いので、「愛所属の欲求」が強すぎる男性とは一緒にやっていくのはむずかしいと思います。自由でいたいのに、いつも一緒にいたいと言われてしまうからです。

私が「生存の欲求」の強い夫とうまくやるためには、ひとりで勝手に楽しむことか、彼の「生存の欲求」を満たしながら一緒に楽しむ方法を考えることです。休みの日に子どもを連れて公園に出かけて、彼にはお昼寝を許すとか、おいしいものを探して食べにいくとかです。こんなふうにうまくいかない相手との個性の違いを考えてみると、うまくやるためのヒントになります。

継子との関係も同じです。継子の個性がどういった欲求の強弱でつくられているのかを考えてみて、その子の強い欲求を満たしてあげると満足し、関係性もよくなります。たとえば「力の欲求」が強い子ならたくさん褒めてあげて、頑張っていることを認めてあげることです。

このように自分の個性と相手の個性を知り、すれ違う原因を理解したうえで、相手の欲求を満たす方法と自分の欲求を満たす方法を考えていけばいいのです。

縄張り意識を有効活用する

動物によく聞く縄張《なわば》り意識ですが、人間にもあります。パーソナルスペース（personal-space）と呼ばれる人間の縄張り意識とは、他人に近づかれると不快に感じる空間のことです。また、自分の所有物を守る意識です。

子連れ再婚家族では他人同士だった2つの家族が、いきなり毎日生活することになるので、この縄張り意識が強くあらわれます。同じリビングにいても片方の家族がいると違和感を覚えたりするのはそのせいです。子ども同士のおもちゃの取り合い、お菓子の取り合いなどもこの縄張り意識から起きることです。

わが家ではよくお菓子についての争いごとがありました。実子が買っていたお菓子を継子が勝手に食べてしまったとか、夫が継子に買っておいたお菓子を私の実子が勝手に食べてしまったといった争いごとが頻繁《ひんぱん》に起こりました。同じ家族内でと思われるかもしれませんが、こういった問題は子連れ再婚家族の中ではよく起きる問題なのです。お菓子じゃなくておもちゃの場合もあるし、子ども同士じゃなくて大人の場合もあります。

知り合いの子連れ再婚家族の家庭では、いつも夫が買ってくる乳飲料を継子が飲んでしまうと、夫が大人げなく怒るので困っているという話を聞いたことがあります。
大人げないからやめなさいとか、お姉ちゃん、お兄ちゃんなんだから譲《ゆず》りなさいとか、言われて納得できることではありません。初婚でつくられている家族だったら他人ではないので同じパーソナルスペースの中にいるし、家族間で譲り合うという生まれた時からの習慣が定着していますが、いきなり家族になる子連れ再婚家族では縄張り意識から自分の場所や物を守ろうとする意識が強く働きます。

このストレスを回避するためには、やめなさいというのではなく、**縄張り意識をしっかりと満たして、お互いの縄張りをおかさないようにつきあっていくことです。**

わが家ではお菓子の袋に名前を書くことをルールにしました。書いていないものは家族みんなが食べてもいいけれども、書いてあるお菓子は食べてはいけないルールにしました。置き場所もちゃんと決めて、継子のお菓子を実子が食べないように、実子のお菓子を継子が食べないように工夫していました。

この縄張り意識は子どもよりも大人のほうが強い傾向があるので、大人げないと思うことが起きるのも仕方ないのかもしれません。よく継子に食べられたくないものを隠しているという継親がいますが、それもあながち責めることはできません。

継続することで楽になる

子連れ再婚家族の発達段階がフィニッシュ期に入ったからといって安心ではありません。逆戻りする家族もあるので、自分の家族が今どの段階にいるのかを意識して問題と向き合うことはとても大切です。

悩んでカウンセリングに訪れる方が、再婚から2〜3年目の方が圧倒的に多いのは、ロマンス期にがむしゃらに頑張ってきて、こんなはずじゃなかったと現実に気がついた時に、自分では解決できなくなってカウンセリングに助けを求めるからです。

「カウンセリングのゴールは問題がゼロになることではありませんよ」と私はクライアントの方にお伝えしています。子連れ再婚家族では大なり小なり問題はいつまでたっても続きます。でも続けることで、問題に対処する力がついたり冷静に向き合う力がついたりします。そして初期の頃に比べるとだんだんと細かいことは気にしないようになっていくので、楽になっていきます。

私が再婚当初に感じた家事や育児に対するストレスも、時とともに手抜きができるようになったり、うまくアウトソーシングしてストレスを溜《た》めない方法を考えたりできるようになりました。

また、２つの家族の生活習慣の違いも、最初はかなりストレスでしたが、８年たつ頃にはいつの間にかひとつの家族のルールができあがっていました。朝ごはんを食べなかった継子たちも、わが家の生活に慣れたらいつの間にか食べるようになったし、片づけができないことなどは目をつぶって気にしないことを私は身につけました。

継子が夫にベタベタと甘えることに対する嫉妬《しっと》のような感情も４年が経過する頃にはまったく感じなくなったし、逆に継子がパパっこなのは育児の負担が半減するので本当によかったなと思うようにもなりました。

これはなぜかというと、顕在《けんざい》意識と潜在意識の違いにあります。頭で考えてやらないといけないと思っている意識が顕在意識です。日常生活でやらなくてはいけないと思いながらやっていることはつらいし、三日坊主になりがちです。

潜在意識とは頭で考えなくても自然にやれてしまう思考習慣のことをいいます。この思考習慣は１００日以上続けることでつくられるといわれています。だから最初はつらいと思いながら続けていた顕在意識が、継続していくことで潜在意識に変わっていくので、子連れ再婚家族を楽にやれるようになっていくのです。これが継続は力なりといわれる理由です。だから、つらくてもあきらめないで続けましょう。

あとがき

最後までお読みいただきありがとうございます。あなたの悩みの解決の糸口は見つかりましたでしょうか？

私が子連れ再婚家族で悩んでいたあの時期に、こんな本があったらどんなに救われただろうかと、本書を執筆しながら思いました。

あの頃の私は子連れ再婚家族のストレスに悩み苦しみ、いつも解決の糸口を探していました。家族問題の専門カウンセラーである私にとっても、子連れ再婚家族をうまくやることはとてもむずかしかったです。

私の子連れ再婚家族は8年目に終止符を打ちましたが、それは子連れ再婚家族がつらかったからではありません。夫婦関係に疑問を感じたからでした。夫を信頼することができたなら、あの家族は今でも問題なく続いていたのだと思います。

振り返ると8年間で、あんなに苦手《にがて》だった継子《ままこ》に対しても愛情を感じられるようになっていました。継親子《ままおやこ》関係の構築は、焦《あせ》らないで時に任《まか》せればいいだけのことだったのかもしれません。

私の元夫は私と離婚したあとにすぐに再婚しました。今はまた新しい子連れ再婚家族を築いています。あの子にとっても、また新しい家族のやり直しで、きっと苦労をしているんだろうなと思います。

そんな継子をふと思い出して「元気にしているかな？　会いたいな……」って思うことがあります。いつかあの子が大人になって、昔話をいい思い出として語れるようになったら話をしてみたいなと思ったりもします。

子連れ再婚家族を経験できたことは、私にとってはつらいだけじゃなく、いい思い出もたくさんありました。続けていれば、もっといろいろなことが見えてきたんじゃないかと思います。

今、悩みの渦中《かちゅう》にいて苦しい人も、きっと時とともにいい思い出になっていきます。私が叶《かな》えられなかった子連れ再婚家族のゴールをぜひ見てほしいなと思います。

今回の執筆ではこうして、私も過去の自分の問題に向き合うことができ、たいへんだったけれどいい思い出になっているんだなと実感するきっかけにもなりました。

本書の企画を後押ししてくれたさくら舎の猪俣さんに心から感謝します。また、今は会えない元家族にも心から感謝します。

本書を読んでくださった子連れ再婚家族の皆さまが幸せな家族を築いていけるように、心から祈っています。

新川《しんかわ》てるえ

著者略歴

家族問題カウンセラー。一九六四年、東京都に生まれる。一〇代でアイドルグループのメンバーとして芸能界デビュー。その後、三度の結婚、離婚経験を生かし一九九七年に立ち上げたシングルマザーの情報サイト「母子家庭共和国」が人気を博す。ＮＰＯ法人Ｗｉｎｋを立ち上げ一〇年間シングルマザーの支援に携わる。二〇一四年、子連れ再婚家族（ステップファミリー）を支援するＮＰＯ法人Ｍ－ＳＴＥＰを設立し理事長に就任。著書には『新版 子連れ離婚を考えたときに読む本』（日本実業出版社）、『日本の子連れ再婚家庭』『シングルマザー生活便利帳』（以上、太郎次郎社エディタス）などがある。

カウンセリングオフィス
http://m-step.org/counseling/index.html

子連《こづ》れ婚《こん》のお悩《なや》み解消法《かいしょうほう》

――継子《ままこ》・実子《じっし》・住居《じゅうきょ》・お金《かね》をどうするか

二〇一九年一月一一日　第一刷発行

著者　新川《しんかわ》てるえ
発行者　古屋信吾
発行所　株式会社さくら舎　http://www.sakurasha.com
東京都千代田区富士見一-二-一一　〒一〇二-〇〇七一
電話　営業　〇三-五二一一-六五三三　ＦＡＸ　〇三-五二一一-六四八一
　　　編集　〇三-五二一一-六四八〇
振替　〇〇一九〇-八-四〇二〇六〇
装丁　アルビレオ
装画　Slippazz/Shutterstock.com
印刷・製本　中央精版印刷株式会社

ISBN978-4-86581-180-3